地理学综合实验实习指导丛书

人文与经济地理学实习教程

主　　编　林俊良　张士伦

副 主 编　覃雪梅　韦东红　申希兵

WUHAN UNIVERSITY PRESS
武汉大学出版社

图书在版编目(CIP)数据

人文与经济地理学实习教程/林俊良,张士伦主编.—武汉:武汉大学出版社,2022.1(2025.7重印)
地理学综合实验实习指导丛书
ISBN 978-7-307-22332-5

Ⅰ.人…　Ⅱ.①林…　②张…　Ⅲ.①人文地理—教育实习—教材 ②经济地理—教育实习—教材　Ⅳ.①K901　②F119.9

中国版本图书馆 CIP 数据核字(2021)第 087912 号

责任编辑:白绍华　　　　责任校对:汪欣怡　　　　版式设计:马　佳

出版发行:**武汉大学出版社**　(430072　武昌　珞珈山)
　　　　(电子邮箱:cbs22@whu.edu.cn　网址:www.wdp.com.cn)
印刷:武汉邮科印务有限公司
开本:720×1000　1/16　印张:9.75　字数:197 千字　　插页:1
版次:2022 年 1 月第 1 版　　2025 年 7 月第 2 次印刷
ISBN 978-7-307-22332-5　　定价:39.00 元

地理学综合实验实习系列指导丛书

编 委 会

黄远林　　张士伦　　李素霞　　申希兵　　龙海丽
卢炳雄　　莫小荣　　林俊良　　覃伟荣　　刘　敏
白小梅　　李　娜　　官　珍　　王华宇　　程秋华
覃雪梅　　韦东红

特别鸣谢

曾克峰　　刘　超

总　序

　　地理科学专业以应用性与科学性为指导，是研究地理要素或者地理综合体空间分布规律、时间演变过程和区域特征的一门学科，是自然科学与人文科学的交叉学科，具有综合性、交叉性和区域性的特点，具有较强的实践性及应用性。

　　北部湾大学资源与环境学院《地理学综合实验实习指导丛书》是在地理科学专业人才培养要求下编写的，注重培养学生的实践能力及野外操作能力，包括土壤地理学、植物地理学、地质地貌学、水文气候学、人文与经济地理学等方面，同时也是北部湾大学地理科学专业对应课程实验、实习配套指导书。

　　学校立足北部湾，服务广西，面向南海和东盟，服务国家战略和区域经济发展，致力于把学生培养成为具有较强的实践能力、创新能力、就业创业能力，具有国际视野、高度社会责任感的新时代高素质复合型、应用型人才。本丛书结合学校定位，充分挖掘地方特色和专业需求，通过连续两个暑假的野外实习路线和用人单位实际调研及长达40多年来的实际教学，累积了大量的野外教学观测点和实验实习素材，掌握了用人单位之所需，体现了人才培养方案之所用。

　　为了丛书的编写质量，北部湾大学资源与环境学院成立了专门的丛书编委会、专家指导委员会及每种指导书的编撰团队，以期为丛书的顺利出版打下基础。

　　本丛书的出版要特别感谢中国地质大学曾克峰教授、刘超教授及其团队的指导，他们连续两年暑假亲自带队调研，确定野外实习路线，亲自修改每一种指导书的初稿。没有他们的付出，就没有丛书的形成，衷心感谢曾教授及其团队的无私奉献和"地理人"的执着努力。同时对北部湾大学教务处、毕业生就业单位以及野外实习单位所涉及的工作人员一并表示感谢。

编　者

前　言

　　人文地理学是研究人类活动的空间构成以及人类和环境关系的学科；经济地理学是研究人类经济活动区位、空间格局及其与地理环境相互关系的学科。两门课程属于地理科学专业基础课程，具有较强的地理空间研究的特点，结合相关区域开展实践教学活动，利于学生从知行层面完成两门课程的学习。

　　国家出台系列政策促进研学旅行教学活动的开展，将研学旅行等综合实践活动列为中小学必修课程；《普通高中地理课程标准（2017 年版）》提出通过自主、合作、探究等学习方式，在自然、社会等真实情境中开展丰富多样的地理实践活动；强化学生人类与环境协调发展的观念，提升地理学科方面的品格和关键能力，具备家国情怀和世界眼光，形成关注地方、国家和全球地理问题及可持续发展问题的意识；形成地理学科人地协调观、综合思维、区域认知和地理实践力的核心素养。为适应未来中小学研学旅行教学和地理课程教学的需求，地理科学专业开展人文与经济地理学野外实践活动意义重大。

　　第一章　介绍广西北部湾经济区南钦北防四市的人文经济概况，包括行政区域、特色民族、特色产业。通过该章可以帮助学生从总体上对钦、北、防人口民族、经济产业等概况进行了解。

　　第二章　人文经济地理的基本原理与基础知识，包括人口与人种、民族民俗与民居、语言与文化等，主要是对实习过程中涉及的原理与知识进行简单的讲解，帮助学生在实习前对知识进行回顾。

　　第三章　野外工作方法及报告写作注意事项，主要是问卷调查的设置、访谈方法与技巧及研究报告的写法。调查问卷设置发放、走访访谈是人文经济实践活动开展的基本方法，研究报告则是活动成果展现的主要形式之一。通过该章的学习，可在一定程度上提高学生实践活动能力，帮助学生更好地开展实践活动。

　　第四章　教材的核心部分，实习点范围是以广西沿海三市——钦、北、防三市为主，广西区内典型实习点介绍作为补充的。该章节通过选取典型的实习点，帮助学生从语言、民族、宗教、文化、历史古迹、风土民情等方面了解与掌握钦、北、防三市人文经济现象。由于该册为丛书的系列之一，内容中所涉及的自然景观均从人文经济的角度进行，其他相关的自然地理知识，请读者从其他选册进行查阅学习。

　　第五章　实习点内容凝练与概括，分为九个专题，主要包括山区旅游开发及发展状况调查、滨海旅游建设与发展调查、聚落的形成与发展、钦州本土文化的调查等内容。帮助学生从纵向上将分散的实习点进行学习与对比分析，提高学生思考能力与野外实践活动的成效。

目　　录

第一章　广西北部湾经济区南、钦、北、防四市人文经济概况

　　广西壮族自治区位于我国华南地区西部，东邻广东，西接云南，东北接湖南，西北靠贵州，南临北部湾，隔海与海南相望，西南与越南接壤，不仅是大西南最便捷的出海通道，也是西部资源型经济与东南开放性经济的结合部。海陆兼备的特点与地理位置的优越性，使广西在中国与东南亚的经济交往中占有重要地位。近年来随着中国—东盟自由贸易区的建设，广西与东盟 10 国的经济往来日益频繁，首府南宁市已成为中国—东盟博览会的永久举办地。沿海、沿边、沿江的区位优势对广西经济的蓬勃发展有着积极的促进作用。而独具特色、丰富的旅游资源，也使广西成为我国重要的旅游大省之一。

　　广西壮族自治区简称"桂"，因秦朝在广西首置桂林郡而得名。到宋朝，建制为广西南路，简称"广南路"，"广西"名称由此而来。广西是全国少数民族人口最多的省份，境内 56 个民族均有居住，其中包括壮族、汉族、瑶族、苗族、侗族、仫佬族、毛南族、回族、京族、彝族、水族、仡佬族 12 个世居民族。在广西这块古老的土地上不仅留下了先民古老的徽文化、石器文化、狩猎文化，也沉淀了先进的陶瓷文化、青铜文化、画字石刻文化、稻作文化、茶文化、酒文化等。广西的各世居少数民族，在起居、饮食、婚恋、丧葬、节庆、图腾礼仪、法度、文学、艺术建筑、审美等方面，文化个性鲜明，对后世产生很大影响。各民族文化在相互交融过程中，成就了民族融合与文化整合。

第一节　行 政 区 域

　　广西北部湾经济区"金三角"城市群由南宁、北海、钦州、防城港四市所组成，地处我国沿海西南端，是广西北部湾经济区的核心组成城市。该区是我国华南经济圈、西南经济圈和东盟经济圈的结合部，是我国西部大开发地区唯一的沿海区域；区位优势明显，战略地位突出。北部湾经济区在交通、物流的规划中还包括玉林和崇左两市，教材中所选的实习点范围主要位于南宁、北海、钦州、防城港（后简称：南钦北防），在此，不对崇左市和玉林市的人文经济现象进行赘述。

　　南钦北防四市为多民族聚居区，自然资源丰富，旅游资源开发已形成一定规模

和等级。北部湾经济区建立以来，南钦北防四市经济在不同程度上得到发展。在东盟外贸往来中，四个城市作为广西经济开放的重点建设区域，扮演着领航者与示范者的角色，不仅是广西对外贸易的形象窗口，且在广西对外交流与经济往来中有着特殊的重要地位。

表 1-1　　　　　　南、钦、北、防四市管辖区域（截至 2019 年 12 月）

地级市	面积 （平方公里）	管 辖 区 域
南宁市	22112	7 区 5 县：兴宁区、青秀区、江南区、西乡塘区、良庆区、邕宁区、武鸣区、横县、宾阳县、上林县、隆安县、马山县
北海市	3337	3 区 1 县：海城区、银海区、铁山港区、合浦县
钦州市	10843	2 区 2 县：钦南区、钦北区、灵山县、浦北县
防城港市	6181.19	2 区 1 县 1 县级市：港口区、防城区、上思县、东兴市

南宁位于广西北部湾经济核心区"金三角"的顶部，在广西北部湾经济发展中发挥着引领作用。北海市位于"金三角"的东南端，其天然的海滩旅游资源十分丰富。防城港市位于"金三角"的西南端，边贸经济与滨海旅游是其经济发展优势。钦州则位于"金三角"的中心，起着重要的连接纽带作用，临港工业发展势头迅猛。南钦北防四个城市构成北部湾经济区的金三角，如同盾牌，以稳定的姿势保持经济的发展。崇左市和玉林市位于"金三角"的两侧，犹如两扇有力的翅膀，为北部湾经济区的发展助力加速。

一、南宁市

南宁市简称"邕"，又称"邕城"，是广西壮族自治区首府，也是全区政治、经济、文化、交通的中心。历史上，南宁属百越领地。东晋大兴元年（318），从郁林郡分出晋兴郡，晋兴郡县城就在南宁，这是南宁建制的开始。南宁是一个以壮族为主的多民族聚居城市。2004 年东盟博览会永久落户南宁，每年 10 月在南宁举办南宁—东盟博览会，对东南亚各国发挥着中国前沿城市的开放作用，给南宁经济发展带来良好的机遇。

南宁地处我国华南、西南和东南亚经济圈的结合部，不仅是北部湾重要的经济中心，也是大西南出海通道的纽带城市。独特的地缘优势，为广西沿海城市发展发挥着中心城市的依托作用。

二、钦州市

钦州市地处"南、钦、北、防"金三角区的中心，是广西南出海通道交通网络的咽喉，起着东西联系、南北贯通的作用。沿海沿江沿边的地缘优势，使其成为我国距离西南内陆最近的临海新兴港口城市。2019年8月30日中国（广西）自由贸易试验区钦州港片区揭牌仪式正式启动。自贸区钦州港片区一共是58.19平方公里，包括中国马来西亚产业园、钦州保税港区和钦州港经济技术开发区。自由贸易区的成立，给钦州港带来全新的发展机遇，不仅使国际陆海贸易新通道门户港的地位更加突出，保税港区的特殊功能作用也更能彰显。

三、北海市

北海市位于广西壮族自治区南端，北部湾东北岸，是广西最早实施开放的沿海城市之一。北海市三面环海，海产资源丰富。所产南珠、鱿鱼、对虾、海参、沙虫、虾米、鱼翅、鳝鱼等驰名中外。北海气候温和，无严寒酷暑，四季如春，是度假、疗养、避寒、观光旅游的理想胜地。作为我国著名的滨海旅游城市之一，1992年北海银滩被列为十二个国家级旅游度假区之一。北海市实行对外开放以来，先后建成万吨码头、飞机场、微波通信、南宁至北海二级公路、桂林至北海高速公路、高速铁路构架了完善的陆海空立体交通网络，为旅游业的发展提供了良好的基础设施环境。

四、防城港市

防城港市居住着汉、壮、瑶、京等21个民族。拥有广西第一大港、中国西南最大海港的称号，同时也有着中国氧都、中国金花茶之乡、中国白鹭之乡、中国长寿之乡、广西第二大侨乡的美誉。防城港坐拥防城港、东兴、企沙、江山四个国家一类口岸，不仅是全国24个枢纽港口之一，也是四大接粮港口之一，是中国21世纪海上丝绸之路的关键核心城市。防城港东兴市是全国唯一一个既沿海又沿边的"长寿之乡"。

防城港市位于广西沿海南部，地处我国东部与西部、南部沿海与西南腹地的结合部，南濒北部湾，面向东南亚，背靠大西南，西与越南相连，不仅是西南出海大通道的主要门户，更是我国加强与东盟国家自由贸易往来的前沿阵地和"桥头堡"，被誉为"西南门户、边陲明珠"，战略地位突出。

第二节 特色民族

根据广西统计局发布的相关人口数据显示，2018年广西人口自然增长率为

8.16‰，比 2017 年降低 0.76‰。出生人口 71 万人，比 2017 年减少 11 万人；出生率为 14.12‰，比 2017 年降低 1.02‰。死亡人数 30 万人，比 2017 年减少 2 万人，死亡率为 5.96‰。2018 年末，广西户籍人口 5659 万人；常住人口为 4926 万人，比 2017 年增加 41 万人；常住人口中少数民族 1847.38 万人，占常住人口的 37.5%，壮族人口数量为 1557.15 万人，占常住人口比重的 31.6%。

随着人口总量变化，广西人口密度由 2010 年每平方公里 195 人，增加到 2017 年 207 人/平方公里，是全国人口稠密地区之一。2018 年，广西户籍人口数量比常住人口多 733 万人；同年南钦北防四市也存在户籍人口数比常住人口数多的现象。其主要的原因是外出务工就业、迁移入学、外出经商等的人数多于流入人数。表 1-2 为南钦北防四市近年常住人口与户籍人口数的具体情况。

广西壮族自治区是各个民族自治区中少数民族人口最多的区域，共有壮、瑶、苗、毛南、回、仫佬、京、彝、侗、水和仡佬等 12 个少数民族。2018 年末广西少数民族人口 2204.51 万人，占总人口的 38.95%；其中壮族人口 1839.74 万人，占总人口的 32.51%。据广西 2015 年 1% 人口抽样调查数据显示，汉族人口为 3014.77 万人，占抽查总人数的 62.86%；各少数民族人口为 1781.2 万人，占 37.14%。其中，壮族人口 1508.82 万人，占抽查总人口的 31.46%。与 2010 年第六次全国人口普查相比，汉族人口增加 123.16 万人，增长 4.26%；各少数民族人口增加 70.18 万人，增长 4.10%。

南宁市 2015 年全国 1% 人口抽样调查的常住人口中，汉族人口为 329.87 万人，占总人口数的 47.22%；各少数民族人口为 368.74 万人，占 52.78%。其中壮族人口 353.15 万人，占全市常住人口 50.55%。与 2010 年第六次全国人口普查相比，汉族人口增加 17.17 万人，增长 5.56%；各少数民族人口增加 15.37 万人，增长 4.5%。

钦州市 2010 年第六次全国人口普查，全市常住人口中，汉族人口为 275.46 万人，占 89.44%；各少数民族人口为 32.51 万人，占 10.56%。同 2000 年第五次全国人口普查相比，汉族人口增加 8.17 万人，增长 3.06%；各少数民族人口增加 2.32 万人，增长 7.68%。

北海市 2010 年第六次全国人口普查，常住人口中，汉族人口为 150.94 万人，占 98.06%；各少数民族人口为 2.99 万人，占 1.94%，同 2000 年第五次全国人口普查相比，汉族人口增加 8.31 万人，增长 5.82%；各少数民族人口增加 0.39 万人，增长 15.14%。

防城港市 2010 年第六次全国人口普查，常住人口中，汉族人口为 48.55 万人，占 56.00%；各少数民族人口为 38.14 万人，占 44.00%。与 2000 年第五次全国人口普查相比，汉族人口增加 9.41 万人，增长 24.04%；各少数民族人口增加 2.39 万人，增长 6.68%。全市总人口中，汉族人口为 46.48 万人，占 54.04 %；各少数

表1-2　南、钦、北、防四市户籍人口与常住人口变化情况（万人）

区域	指标（万人）	2011 户籍人口	2011 常住人口	2012 户籍人口	2012 常住人口	2013 户籍人口	2013 常住人口	2014 户籍人口	2014 常住人口
全国		—	134732	—	135404	—	136072	—	136782
广西		5199	4654	5240	4682	5282	4719	5475	4754
广西北部湾经济区	小计	1324.15	1227.64	1335.97	1238.30	1383.37	1250.21	1395.21	1260.61
	南宁市	691.95	673.40	699.08	679.08	724.43	685.37	729.66	691.38
	北海市	163.04	155.44	164.41	157.20	169.39	159.02	169.31	160.37
	防城港市	86.54	87.84	87.26	88.69	93.03	89.90	94.24	90.80
	钦州市	382.62	310.96	385.22	313.33	396.52	315.92	402.00	318.06

区域	指标（万人）	2015 户籍人口	2015 常住人口	2016 户籍人口	2016 常住人口	2017 户籍人口	2017 常住人口	2018 户籍人口	2018 常住人口
全国		—	137462	—	138271	—	139008	5659	4926
广西		5518	4796	5579	4838	5600	4885	5659	4926
广西北部湾经济区	小计	1412.91	1273.95	1432.41	1287.79	1441.00	1303.68	1463.69	1319.18
	南宁市	740.23	698.61	751.74	706.22	756.87	715.33	770.82	725.41
	北海市	171.97	162.57	174.34	164.37	175.42	166.33	178.18	168.00
	防城港市	96.61	91.84	97.20	92.90	97.79	94.02	99.32	95.33
	钦州市	404.10	320.93	409.13	324.30	410.92	328.00	415.37	330.44

数据来源：广西统计年鉴 2012—2019 年，中国统计年鉴 2012—2019 年。

民族人口为 39.53 万人，占 45.96%。与 2000 年第五次全国人口普查相比，汉族人口增加 7.34 万人，增长 18.75%；各少数民族人口增加 3.77 万人，增长 10.54%。

在广西少数民族聚居的大家庭中，壮族的人口最多。而京族、仫佬族、毛南族是广西特有的少数民族。其中京族是唯一具有海洋性的少数民族，主要分布在东兴市、防城港区和港口区。这里主要介绍壮族与京族的文化与民情风俗。

一、壮族

壮族是我国人口最多的少数民族，旧称"僮族"，是岭南的土著民族，主要分布在广西壮族自治区。壮族文化独自起源、自成体系，植根于壮族悠久的历史文化中。随着社会的发展、民族的融合，壮族在漫长的形成发展过程中，也受到外来文化的影响，在吸收外来文化的同时也保留着本民族的传统，形成了具有较强文化包容性的少数民族。

1. 历史文化

壮族最早的先民当属先秦和秦汉时期居住在岭南地区的"西瓯"和"骆越"，其中"骆越"文化是壮族文化的起源。先秦时期，"百越"的族群广泛分布于中国长江中下游以南至东南沿海地区，包括广东、广西一带的西瓯和骆越。公元前 221 年秦始皇统一岭南时，西瓯人进行无畏的抵抗；直到公元前 214 年，秦始皇派史禄率兵开通灵渠、通粮饷、运军队后才战胜西瓯人，并设立桂林、南海、象三郡。至此岭南地区正式纳入中央王朝的统治。西瓯、骆越人开始步入文明时代，不仅开始使用青铜器，而且社会组织也相对完善。

秦始皇修筑灵渠后，沟通了湘江与漓江，促进五岭南北的交通往来与经济文化发展。五岭横亘在湖南、广西、广东与江西之间，由西到东排列为：越城岭（湘桂间）、都庞岭（湘桂间）、萌渚岭（湘桂间）、骑田岭（湘南）、大庾岭（赣粤间，腹地在江西大余县）。秦朝统一岭南后，将大量汉族人口南迁，与越人杂居，促进西瓯、骆越人同内地各族人民的交流往来，在政治、经济、文化、社会等方面联系日渐密切。

东汉到魏晋南北朝时期，岭南（两广）地区的土著民族是西瓯、骆越的后裔，被称为"乌浒""俚""僚"或"俚僚"。东汉末年，一些大姓豪族为逃避战乱迁居岭南，进一步促进了岭南地区政治与经济的发展。世居岭南的俚僚大姓贵族，纷纷在各地称雄，聚敛土地与财富，成为当地的封建主。

唐五代时期，壮族先民仍被称为俚、僚、乌浒（乌武）等，但也出现了以地域或以大族姓氏命名的族称，如"西原蛮""黄洞蛮""侬洞蛮"（泛称"洞蛮""洞氓"）等。宋代以后，壮族的族称又有了新的变化，出现"撞""布土""土人"等称谓。元明以后，又称为"獞"，另外还有自称壮、侬、郎、土、沙等。这些称谓原来都有一定的地域性特点，但明、清时期，"壮"的称呼已广泛使用于广西和广东的西部，成为壮族最普遍的一种族称。到 1952 年统一称为"僮"（音壮），1965 年又改写为"壮"。

2. 饮食文化

壮族东起广东连山，西至云南文山，南临热带海域（北部湾海域），西南与越南相邻，北接南岭山脉和云贵高原，聚居地连成一片。境内群山连绵，河流纵横，日照充足，雨量充沛，是稻作农业的起源地之一。精耕细作的稻作文化源远流长，影响着广西壮族的祖祖辈辈。

壮族主食大米，此外还食用玉米、糯米、南瓜、芝麻等多种杂粮。在偏远的山区，玉米是仅次于稻米的食物。至今广西巴马还有部分地区以玉米为主食。壮族有腌菜和腌肉的习惯，腌成酸菜、酸笋、咸萝卜、大头菜、黄瓜皮、咸鱼等。此外，糯米在人们的日常生活中占据着重要的地位，深受壮族人民的喜爱，特别是过节祭祀及重要的日子，人们将糯米做成各种各样的食品，用于不同的场合，体现出多姿多彩的饮食文化。如七色糯米饭、糍粑、艾粑、粽子等，另外在肉类中，壮族民众喜食鸭肉，这与壮族聚居地纬度较低，气候炎热有关，鸭肉性凉，能清热去火。

3. 服饰文化

壮族传统民族服饰文化是我国服饰文化体系的重要组成部分。壮族服饰具有分布广而散的特点，其在不同的方言土语区呈现出不同形态和文化内涵。其中刺绣与壮锦是主要的装饰手段，壮锦是壮族民间流传下来的一种独特的织锦艺术，已有一千年的发展史，与南京的云锦、成都的蜀锦、苏州的宋锦并称"中国四大名锦"。服饰中的图案多以鲜花、青蛙纹样以及鸟尾、鸟帽为主，生动鲜活的图案折射出壮族人民对自然的崇拜和热爱。在诞生、成长、恋爱、嫁娶、年老、死别等人生礼俗中则以简单实用、美观大方的样式反映在服饰（围腰、背带等）的图案上，有的则以土地、青山、绿水为题材绣于服饰中，色调朴素、式样简洁、装饰精美。

壮族服饰主要有蓝、黑、棕三种颜色。男装多为破胸对襟的唐装，多以当地土布作为原料，不穿长裤，上衣短领对襟，缝一排（六至八对）布结纽扣，胸前缝小兜一对，腹部有两个大兜，下摆往里折成宽边，并于下沿左右两侧开对称裂口。穿宽大裤，短及膝下。有的缠绑腿，扎头巾。冬天穿鞋戴帽（或包黑头巾），夏天脱帽光脚。节日或走亲戚穿云头布底鞋或双钩头鸭嘴鞋，劳动时穿草鞋。壮族妇女的服饰端庄得体，朴素大方，服饰一般是蓝黑色，裤脚稍宽，头上包着彩色印花或提花毛巾，腰间系着精致的围裙或腰带。上衣是藏青或深蓝色的短领，有对襟和偏襟两种，无领和有领之分，其中偏襟的交领部分多开在右边。此外有的服饰在颈口、袖口、襟底均绣有彩色花边。为了日常使用方便，常在胸前的衣内侧绣暗兜，衣边缝制数对布结纽扣。劳动时穿草鞋，并戴垫肩。在赶圩、歌场或节日则穿绣花鞋。壮族妇女普遍喜好戴耳环、手镯和项圈。服装的花色和小饰物各地略有不同。上衣的长短有两个流派，大多数地区是短及腰的，少数地区上衣长及膝。

　　作为骆越古都的武鸣，其壮族服饰与桂西百色黑衣壮有所不同，百色黑衣壮的衣裤以黑、深蓝为主，近袖口和裤口的地方有蓝白花边(图1-1、图1-2)。而武鸣壮族的服饰色彩相对丰富鲜艳(红、蓝、白、黄、紫等)，款式相对活泼，如图1-3所示。

图1-1　百色凌云县黑主蓝白服饰

图1-2　黑衣壮的生活用具——背篓

图1-3　南宁武鸣区罗波镇壮族服饰色彩丰富鲜艳、款式活泼

　　4. 建筑文化

　　壮族传统民居建筑的典型是"干栏"建筑。目前干栏式建筑多分布于远离城镇、交通不便的山区。干栏建筑的基本特点是底层架空，人居楼上，具有干燥通风、凉爽安适的特性；底层用来围养牲畜，既保护牲畜的安全，防止四处乱窜，随地排放粪便，又能维护清洁卫生，方便积蓄粪便，用于施肥。建筑的前厅用来

举行庆典和社交活动，两边厢房住人，后厅为生活区。屋内的生活以火塘为中心，每日三餐都在火塘边进行。壮族人们喜欢依山傍水而居，把村子建在山脚下向阳、通风好的地方。后山和村边栽上树木，规定不得乱砍滥伐，以保持村庄的生活安全。

干栏式建筑分为全栏式、半栏式和平房三种。全栏房属全楼居式，上层住人，下层养牲畜和存放农具。这种传统的住房形式在过去主要是为了防猛兽和防盗贼偷盗牲畜。但现在看来，由于楼下圈养牲畜，臭气上升，很不卫生。因此，随着社会的进步，干栏式民居已逐渐改变成人畜分居的平房或楼房式建筑。半栏房以一开间为楼房，楼上住人，楼下放牛羊、农具等，另一间为平房，平房多为三开间。这是当今壮族住房的主要形式。

5. 语言文化

壮语历史悠久、内涵丰富，在民间又称"壮话"，是壮族先民艺术与智慧的结晶。壮语主要分布在广西西部与云南文山，属于壮侗语族中的壮傣语支，与侗语、布依语、泰语、傣语、老挝语、掸语、阿含语以及越南西北部的白傣语、红傣语和黑傣语等诸多语言存在着密切联系。此外，壮族和傣族共同起源于古代百越民族集团(主要分布于五岭以南直到越南的红河以北地区)，与泰国主体民族傣族是同源异流的民族，属于百越中的西瓯和骆越(简称"瓯骆")，所以一般会说壮语的人学起傣语相对比较容易。

壮语主要分为南北两大方言区，而同一个地区中又有多个土语方言区，各土语内部又分若干小土语区，不同区域的壮语方言内部词汇一致性较小，相互之间沟通困难，有的相邻村寨或隔一条河都有所不同。壮语南部方言区主要分布在广西的右江、邕江以南地区和云南省文山壮族苗族自治州的南部，包括土话、侬话、岱话等种。由于南部方言区在地域上与越南接壤，部分读音语义都有相通之处。壮语北部方言主要分布在广西的驮娘江、右江、邕江一线附近及其以北地区和云南省的邱北、师宗、富宁、广西(北部)、广东连山与怀集等地。南北两大方言区大致以郁江、右江、邕江为界线。其中南部方言分为 5 个土语区，北部方言分为 7 个土语区，从土语区地域分布情况表中可以看出，钦州、防城港、南宁邕宁区属于南部方言的邕南土语区；南宁北部、横县、宾阳、武鸣属于北部方言的邕北区，如表 1-4 所示。

6. 宗教文化

壮族没有统一的宗教信仰，自然崇拜是壮族民间信仰中一个重要的组成部分。壮族先民相信"万物有灵"，将土地、天体、山峰、岩石、河流、水、火、风、雷、蛙、牛、鸟、花、草、树木等自然物、动植物及自然现象加以神化，并对它们进行顶礼膜拜。

表 1-4　　　　　　　　壮语南部方言与北部方言土语区的地域分布情况

	土语区	分　布
南部方言	1. 邕南区	广西南宁市邕宁区、隆安县、崇左扶绥县、上思县、钦州市、防城港市
	2. 左江区	广西天等、大新、崇左、宁明、龙州、凭祥
	3. 德靖区	广西靖西、德保、那坡
	4. 砚广区	云南广南(南部)、砚山、马关、文山、西畴、麻栗坡北部
	5. 文麻区	云南文山(南部)、麻栗坡(南部)、马关(东部)、开远、元阳以及滇东南部分县区。
北部方言	1. 桂北区	广西龙胜、三江、融安、永福、融水、罗城、环江、河池、南丹、天峨、东兰、巴马
	2. 柳江区	广西来宾、柳江、宜州、柳城、忻城(北部)
	3. 红水河区	广西贺州、阳朔、荔浦、鹿寨、桂平、贵港、武宣、象州、来宾(河南)、上林、忻城(南部)、都安、马山、广东连山、湖南江华
	4. 邕北区	广西邕宁(北部)、横县、宾阳、武鸣、平果
	5. 右江区	广西田东、田阳、百色
	6. 桂边区	广西凤山、田林、隆林、西林、凌云、乐业、云南富宁、广南(北部)
	7. 丘北区	云南丘北、师宗

壮族是稻作农耕民族，精耕细作的传统成就了源远流长的稻作文化。民众以稻为神，以稻为生命。如果水稻有了病虫害，人们去找布洛陀和米六甲请教，通过祛殃禳灾赎谷魂等办法，祈求水稻丰收。如果遇上久旱无雨的季节，或发生洪涝灾害，影响水稻正常生长，则祭祀苍天敬供雷神，祈求风调雨顺。一年当中宗教性的节日均与稻作生产有关，如蚂拐节、开秧门、牛魂节、祈丰节、尝新节等。

7. 节日文化

壮族是多节日的民族，几乎每个月都有节日(表 1-5)。其中，春节、"三月三""七月十四"都是壮族最重要的节日，另外有陀螺节、铜鼓节、六月初六、农具节、中秋节、吃立节、娅拜节等，其中壮族"三月三"是广西壮族自治区的传统节日。

古越人"尚越声"，壮族人"好歌圩"。壮族作为我国南方古百越族群中古骆越人的后裔，每年农历三月三，壮族人民在"歌圩节"中除了演唱历史歌、爱情歌、盘歌、季节歌、生产歌外，每家每户还会染彩色蛋，做五色糯米饭等。这些古老的习俗千百年来在这片土地上不断地得到传承与发展。1983 年，广西壮族自治区正式确定"三月三歌节"为壮族的全民性节日；1985 年起，骆越文化发源地广西武鸣县以歌节的形式连续举办"壮族三月三"民俗活动；2003 年，壮族三月三"歌节"又称为三月三"歌圩"，成为享誉世界的壮族文化品牌。2006 年，"壮族歌圩"被列入国家第一批非物质文化遗产名录。

壮族"三月三歌圩"在不同历史时期呈现着不同的风貌。原始社会时期，"三月三歌圩"主要是祭祀祖先，以载歌载舞的艺术形式向大自然表示敬畏，祈求风调雨顺。随着人类社会不断发展及生活水平的提高，壮族"三月三歌圩"也慢慢褪去宗教的外衣，演变成融合民风民俗及地方内涵的男女青年结交朋友的民俗活动。其中千人竹竿舞是"壮族三月三"特色的民俗活动之一。舞蹈简单有趣，热闹非凡，娱乐性强，挑战性高，曾博得外国游客"世界罕见的健美操"之美称。

表 1-5   壮族节日一览表 (农历)

月份	节 日
一月	春节(初一至十五)、青蛙节(初一至三十，天峨、东兰、南丹)、元宵节(十五)、祭马节(三十，靖西)
二月	春社节(初二)、花朝节(初二，桂南)、花炮节(初二至十八)、儿童圩(初六，靖西)、花王节(十九，桂中，桂南部分地区)
三月	扫墓节(初三前后)、歌圩节(初三)
四月	撒秧节(初二至初五)、牛魂节(初八)、泼泥节(初八后某天，西林)
五月	端午节(初五)、爱猴节(初五，靖西)
六月	"昆那节"六月某日，龙州、辛酸苦辣节(初二，阳朔，荔浦)
七月	乞丐节(初七，桂西)、鬼节(十三至十五)、雨节(二十二，大新)、糍观节(二十二，龙州)、达汪节(二十，上林，马山)
八月	尝新节(初二)、中秋节(十五)、"岭头"节(中秋节前后，三天，钦州地区)、泼饭节(秋收前，三天，柳城)
九月	野餐节(初一，靖西)、吃虫节(初九，东兰)、祝寿节(初九，马山，上林，忻城)
十月	收镰节(初二，靖西，德宝，大新)、双喜节(初十，马山，上林，忻城)、赎魂节(十五)
十一月	冬至节
十二月	新年(初一至初七)、灶王节(二十三)、扫屋节(二十四)、除夕(三十)

二、京族

京族人民在长期的历史实践中，靠着勤劳、智慧与热爱生活的精神，创造了灿烂的文化。截至 2012 年 7 月，京族已成功申报各级非物质文化遗产项目 14 项。其中京族哈节(图 1-4)和京族独弦琴艺术(图 1-5)已经入选国家级非物质文化遗产代表性项目名录；京族鱼露、京族服饰、京族民歌已经入选广西壮族自治区级非物质文化遗产项目名录；京族喃字、京族哈歌已经入选防城港市级非物质文化遗产名录。另外，京族高跷捕鱼技艺(图 1-6、1-7)、京族风吹饼等也是京族宝贵的非物质文化遗产。如表 1-6、1-7、1-8 分别为京族各项文化艺术入选国家级、自治区级、市级非物质文化遗产名录情况。

图 1-4　哈节举办地点——哈亭

图 1-5　京族的独弦琴

图 1-6　拉大网场景

图 1-7　高跷捕鱼传统

表 1-6　　　　　　　　　　国家级非物质文化遗产名录(2 项)

编号	项目名称	项目申报单位	批次	公布单位	公布时间
1	京族哈节	东兴市文体局	1	国务院	2006 年 5 月
2	京族独弦琴艺术	东兴市文体局	3	国务院	2011 年 6 月

表 1-7　　　　　　　　　　　自治区级非物质文化遗产名录

编号	项目名称	项目申报单位	批次	公布单位	公布时间
D1	京族哈节	东兴市文体局	1	自治区人民政府	2007 年 1 月
2	京族独弦琴艺术	东兴市文体局	1	自治区人民政府	2007 年 1 月
3	京族鱼露	东兴市文体局	2	自治区人民政府	2008 年 11 月
4	京族服饰	东兴市文体局	3	自治区人民政府	2009 年 5 月
5	京族民歌	东兴市文体局	4	自治区人民政府	2012 年 5 月

表 1-8　　　　　　　　　　　防城港市级非物质文化遗产名录

编号	项目名称	项目申报单位	批次	公布单位	公布时间
1	京族哈节	东兴市文体局	1	市人民政府	2007 年 12 月
2	京族独弦琴艺术	东兴市文体局	1	市人民政府	2007 年 12 月
3	京族喃字	东兴市文体局	1	市人民政府	2007 年 12 月
4	京族鱼露	东兴市文体局	1	市人民政府	2007 年 12 月
5	京族服饰	东兴市文体局	1	市人民政府	2007 年 12 月
6	京族民歌	东兴市文体局	2	市人民政府	2010 年 11 月
7	京族哈歌	东兴市文体局	2	市人民政府	2010 年 11 月

1. 历史文化

京族是我国唯一的具有海洋性的少数民族，主要聚居在广西壮族自治区东兴市江平镇的"京族三岛"——巫头岛（村）、山心岛（村）、万尾岛（村）以及周边村落。据 2010 年第六次人口普查数据显示，京族人口 2.85 万人，是我国人口较少的少数民族之一。京族是中越两国的跨境民族，过去京族又称为"越族"，其祖先与越南的主体民族越族（京族）是同源民族，原居住在越南涂山（今越南海防市）一带。中国京族的形成是在 15 世纪末 16 世纪初，越南涂山一带的越族人陆续迁到今江平镇巫头岛，后又逐渐向万尾、山心迁移发展。到 1958 年成立东兴各族自治县时，根据其历史、语言、文化艺术、生活习俗的特点和本民族的意愿，国务院正式公布定名为京族。

20世纪70年代以前，京族三岛曾是三座互不相连的孤岛，土质蓬松，含沙量较高，不适宜种植粮食类作物，生产力水平低下，生产方式落后单一。从明朝到中华人民共和国成立前，京族改为以浅海捕捞和杂海渔业为最主要的生产方式，经济效益甚微，一般连最低的生活温饱都难以维持。这种靠天吃饭、靠海为生的原始生产在中华人民共和国成立后逐步得到改善。20世纪70年代修建的拦海大堤使京族三岛与大陆连接，促进了京族人民与各族人民的交流。改革开放以后，京族人民的生活发生了翻天覆地的变化。先进生产工具的使用，渔业生产方式的多样化，使浅海作业逐渐发展到先进的远海作业。加上京族人民发挥地理、语言、文化的优势，便利地与越南人民进行外贸往来，经济收入逐年稳步增加，成为我国人均年收入最高的少数民族之一。

2. 饮食文化

海产品是京族的餐桌上必不可少的，鱼、虾、蟹、海蜇皮、香螺等品种多样。无论是普通人家平时的宴客餐，还是整个村子重大节日的宴饮活动，或者是金滩附近的各家酒楼，皆以海产品款待宾客。丰富多样的海产吸引着外来人走进京族，享受京族地区独特的海洋风味。在食品制作、食用过程中各种禁忌也凸显出京族饮食文化中蕴含的海洋性文化特征。如出海的人家煮饭忌烧焦，因为"焦"与"触礁"的"礁"同音。做菜时产生的"油水"不叫"油水"，而叫"滑水"，因为只有出海作业遇难时才需要"游水"，而"滑水"有"顺当"的意思。煎鱼的时候，不能说"翻"，因为"翻"有"翻船"的意思。桌上的碗不能反扣，反扣的碗也会让人联想到翻船，等等。

3. 服饰文化

传统的京族服饰分为便装和盛装两类。过去京族人在平时生产生活中穿着便装，式样比较简单，装饰也比较少。男性穿的是长过膝盖、无领无扣、窄袖袒胸的上衣；裤子宽而长，尤其是裤裆，几乎是裤长的三分之二，腰间还束以彩色腰带，一般束一二条，有的束至五六条，以此来显示自己富有能干。女性的下装与男性无异，也是既宽又长，没过脚背，看上去 像轻柔飘动的长裙；唯上装与男性相反，很短，衫脚仅至腰间而不及臀部，故有"长不遮臀"之说，紧身窄袖，无领胸开襟，但有三粒纽扣，不束腰带。

盛装是在节日喜庆和宴会时穿着的服饰，式样新颖别致，色彩艳丽。过去京族人参加盛大的节日，或是离村外出、赶圩入市、探亲访友时，都会换上盛装。男子是在便装外面套一件无领窄袖长袍，其颜色多为黑色，也有青色或淡棕色，头戴一顶黑色或棕色的圆顶毡帽，俗称"头箍"。女子加穿一件类似旗袍但下摆较宽、矮领窄袖的长衫，其颜色大多是黑、白或薯茛染成的红褐色。此外，京族最有特色的装饰是斗笠(图1-8)。日常穿着服饰除了与民族风俗喜好有关，也与当地气候有着密切的关系。京族生活在北半球低纬度，冬无严寒，夏季炎热、潮湿，宽松的裤子有利于通风散热。

图1-8　女戴斗笠，男戴圆顶毡帽的京族男女雕像

如今的京族地区，仍有部分老年妇女穿民族服装，上身穿窄袖紧身对襟无领短上衣及菱形遮胸布，下穿黑色或褐色长宽裤子，外出时加穿白色长外衣，形似旗袍而开衩较高，结"砧板髻"。少数妇女还保留染黑牙齿的习惯。但多数青年男女的服饰已与附近汉族相近。

4. 建筑文化

居住方面，京族过去的建筑是一种古老的、具有岭南民族风格的干栏式房屋。这些房屋全用竹木构造，以茅草或竹篾作壁（有的涂上泥土），上盖草或瓦，再用石头或砖火压着，预防每年夏秋来自太平洋的强烈台风；屋的四角有四条木柱，用石头垫高离地五六寸许，里面以竹条或木条密排作地板，铺上草席，入屋脱鞋，全家坐卧饮食其上。房屋的周围一般都种有果树、剑麻、仙人掌等，既可美化环境，又可避免风沙。京族三岛等地的村落，树木茂盛，景观独特，体现了京族传统良好的环境观念。现在，随着京族人民生活的富裕，居住环境逐渐汉化，以钢筋水泥楼房为主。

京族博物馆（图1-9）是中华民族园56个民族博物馆之一。京族博物馆是根据本民族居住习俗和传统建筑工艺，按照京族传统民居建筑1∶1复原建造。于2003年建成开馆。博物馆由民居石条瓦房、哈亭、小河湾组成，规划为依水而居的渔家居住环境。

5. 语言艺术文化

喃字，京族人又叫"字喃"，是越南在借用汉字的年代里，为了书写越南语而借用的汉字和仿照汉字字形创造的越南字。"字喃"是"南国文字"的意思。喃字有

图 1-9 京族博物馆

着源远流长的历史。越南曾经长期深受中国文化的影响，在相当长的一段时期使用汉字，但汉字无法完全表达越南地方口音和特定的意义，于是，一些越南民间知识分子就尝试着在汉字基础上，创造类似汉字的方块文字来慢慢适应这种本民族语言的需要，"喃字"就这样应运而生。喃字作为中国京族过去的文字，京族人曾在京族歌本和宗教典籍中使用，如著名的京族传统叙事歌《宋珍与陈菊花》《邓平杨诚结义歌》等就是用喃字记录的。过去日常生活中也曾用喃字来写书信。

京族文化艺术丰富多彩，其形式主要有歌谣、历史传说、神话故事、谚语等。此外，还有戏剧、音乐、舞蹈等。京族男女都爱唱歌，一般是男女对唱，以一问一答为最多，也有独唱。歌的调子约有三十多种，内容形式多种多样，有山歌、情歌、结婚歌、渔歌、诉苦歌、长篇叙事歌、风俗歌、劳动生产歌、宗教歌、盘歌等。这些民歌具有悠长的花腔、低细的音调、缓慢的旋律等特点，纤细、婉转、优美、流畅，而且节奏多变，使人听了有柔和、悦耳、抒情的感觉。从京族在音乐中使用的独弦琴，可以看出京族人民对乐器独到的创造天赋与对音乐的喜爱（图 1-10、图 1-11）。京族口头传承的民间故事和神话传说，内容丰富，情节生动。

图 1-10 独弦琴演奏

图 1-11 天灯舞表演

6. 宗教文化

京族信仰多神，信奉的神灵大多来源于原始自然宗教、道教和佛教，人们逢年过节及日常生活中以酒、肉、鱼等加以供奉各种神祇，祭祀饮食习俗体现了京族宗教信仰的多元性特征。其中京族的原始宗教信仰表现为自然崇拜、祖先崇拜、英雄崇拜等几种形态。

京族人民从事海洋捕捞、滩涂养殖、滨海旅游等与大海息息相关的生产劳动。虔诚地信奉着自然神，对自然崇拜主要表现为对海公、海婆，特别是对镇海大王的祭拜。镇海大王庙设于江山半岛的白龙尾上，京族人在每年农历二月和八月都要派村里的代表带供品到此祈福和还愿，祈求保佑渔业丰收、出海平安。此外，作为具有海洋性的少数民族，他们认为海神是他们的保护神，一年一度要用哈轿（图 1-12）把海神请回来祭祀，然后又把海神送回去。

图 1-12　京族的哈轿

京族原始宗教信仰的主要内容和基本形态是对祖先的崇拜。在万尾哈亭"龙庭"两侧设有祭拜本村祖先的神台，分别是"左昭"和"右穆"，哈节期间，"左昭""右穆"的供品没有间断过。万尾京族家里也设祖先神台，人们拿糯米饭、猪肉、水果等供品到哈亭祭拜的同时也会留一份相同的祭品祭拜家里的祖先，祭拜时需念出祖先的名字。

在京族人民的心中英雄也给他们带来安定和希望，在哈亭内设有民族英雄杜光辉的神位，人们在用供品祭拜五大神灵和祖先时，也祭拜民族英雄杜光辉。京族人在信仰原始宗教的基础上也信仰佛教和道教，如万尾村中设有三婆庙，而三婆庙中的主神是观音，每年的农历二月十九、六月十九和九月十九三个"观音诞"的日子京族人民都会备各种供品到"三婆庙"祭拜，求子求福。中元节师公举行的"施幽"传统仪式则极具道教色彩。

7. 节日文化

京族除了欢庆自己民族的特殊节日——哈节之外，也过与汉、壮民族相同的节日，如春节、清明节、端午节、中元节、中秋节、尝新节等。节日里，人们往往制作丰富多样的食品，用以祭祀神灵和人们自己享用，形成了独特的节日食俗。

哈节是京族唯一的本民族传统节日，也是京族地区独具特色的节日。哈节随着京族迁入传承至今，约有 500 年的历史。每年京族人民借京哈节活动表达对祖神的敬重和对美好生活的向往。京族三岛庆祝哈节的时间各不相同，以农历（阴历）计法，万尾是六月初九至六月十五，巫头是八月初一至八月初六，山心是八月初九至八月十四。基于研究者和调查对象的差异，学界对"哈"的含义持两种见解：一是唱歌、请神听歌的意思，故又称为"唱哈节"，图 1-13 为京族对歌亭；二是吃的意思，进献供品祭神和乡民聚餐，山心哈亭的牌匾就写着"吃节"。

图 1-13　京族对歌亭

哈节的主要活动场地是哈亭（图 1-14 为哈亭大门），哈亭里供奉着点雀神武大王、高山勒封大王、白龙尾镇海大王、太祖广泽大王、陈朝兴道将军神位和京族人的祖宗。整个哈节的活动过程包括迎神、祭神、乡饮、送神，其中乡饮这一环节蕴含着丰富的饮食文化特征。万人餐则是哈节的前奏，届时京族人民举行宴客餐以表示对友人的欢迎。哈亭周围高朋满座，人山人海，万人齐就餐。万人餐上的主食是京族炒粉、玉米粥、番薯粥，酒水是京族米酒，每桌固定九道菜：沙虫冬瓜汤、瘦肉腐竹、春风正卷、酸甜排骨、飞鱿嬉海、沙虫腰果、追水工兵、五花香扣、金鸡报喜。可见，随着社会的发展，京族的饮食在保留自身海洋特色的同时，也将现代传统饮食特点融合进来，这也是民族文化融合的体现。

图 1-14 万尾哈亭正门

举办哈节期间，祭神的食物主要有猪肉、糯米饭、饼干等。哈节分为大祭和小祭，万尾京族哈节大祭在农历六月初十进行，过后的每天早上都会进行小祭，直到哈节结束。大祭和小祭的区别主要是大祭要用整猪，而小祭不用。

第三节　特色产业

广西壮族自治区北部湾经济区包括南宁、北海、钦州、防城港、玉林、崇左。南钦北防是广西北部湾经济区的核心区域，各地区经济的发展都具有自身的特点与趋势。南宁作为广西的省会城市，其经济辐射能力也随着社会经济的发展愈加凸显。虽然北部湾经济区较沿海其他地区起步发展较晚，但其独特的地缘优势，使其拥有强大的发展动力与势头。

北部湾地区不仅是中国西南出海大通道的出口，也是西部大开发以及和东盟合作的战略支点。区域的开放发展，对一带一路倡议有着重要的意义。广西壮族自治区北部湾经济区发展规划依据党的十七大精神和《中华人民共和国国民经济和社会发展第十一个五年规划纲要》、国家《西部大开发"十一五"规划》编制。国家批准实施《广西北部湾经济区发展规划》，规划期为 2006—2020 年。2008 年 1 月 16 日，国家批准实施《广西北部湾经济区发展规划》，提出把广西北部湾经济区建设成为重要国际区域经济合作区，目标是建设成继深圳、上海浦东、天津滨海新区的中国经济增长第四极。广西北部湾经济区是我国西部大开发和面向东盟开放合作的重点区域，将其建设成为中国—东盟开放合作的物流基地、商贸基地、加工制造基地和信息交流中心，对国家实施区域发展总体战略和互利共赢的开放战略具有重要意义。

从 2010—2017 年南钦北防四市的地区生产总值及增长率情况来看，各市地区生产总值均有不同程度的增长，如表 1-9、表 1-10 所示。其中钦州市地区生产总值保持着较稳定的增长态势，防城港市与南宁市的地区生产总值增长率有所缓和，北海市的增长率在 2011—2015 年有所下降，2015—2017 年又保持着稳定的增长速度，如图 1-15 所示。

表 1-9　　　　　　**2010—2017 年南钦北防地区生产总产值情况表**

指标 地区	经济总产值(亿元)							
	2010 年	2011 年	2012 年	2013 年	2014 年	2015 年	2016 年	2017 年
南宁市	1800.26	2211.51	2503.55	2803.54	3148.3	3410.08	3703.39	4118.83
钦州市	504.18	646.65	724.48	757.5	854.96	944.4	1102.05	1309.8
北海市	401.41	496.6	630.8	735	856	892.1	1007.3	1229.8
防城港市	319.54	413.77	457.53	525.15	588.94	620.72	676.12	741.62

数据来源：广西统计年鉴 2011—2018 年

表 1-10　　　　　　**2016 年南钦北防四市经济发展情况**

指标	南宁市	比 2015 增长 (%)	防城港市	比 2015 增长 (%)	钦州市	比 2015 增长 (%)	北海市	比 2015 增长 (%)
生产总值(亿元)	3703.39	7	676.12	9.1	1102.05	9	1007.3	8.6
城镇居民可支配收入(元)	30728	7.7	29758	7.9	29360	7.3	29412	6.9
农村居民可支配收入(元)	11398	9.5	12113	10.2	10947	9.3	11622	9.4
第一产业增加值(亿元)	400.67	3.9	80.88	4	221.12	4	175.09	4.1
第二产业增加值(亿元)	1427.16	5.8	386.26	11.6	481.89	11.4	516.14	9.7
第三产业增加值(亿元)	1875.57	8.5	208.98	6.6	399.04	9.4	316.05	9.7

数据来源：广西统计年鉴 2017 年、2016 年

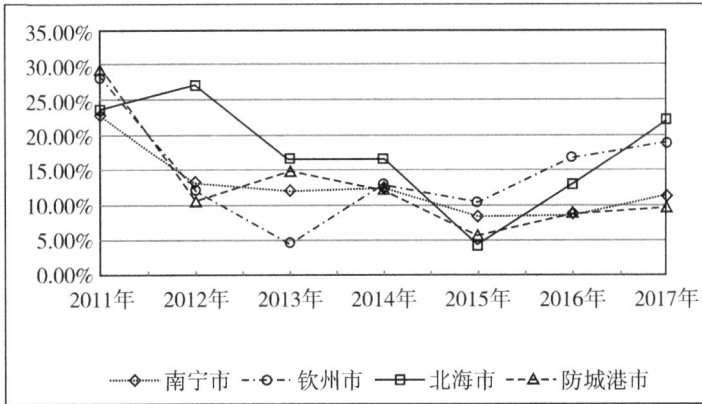

图 1-15 2011—2017 年南钦北防地区生产总产值增长率变化情况图

一、特色农业

雨热同期是广西北部湾经济区独特农业资源的气候条件。该区域主要盛产南亚热带水果、蔬菜及畜类产品，如甘蔗、麻类作物、桑蚕、药用作物、香料作物、松脂、桐油、水产品等农产品。加上沿海的区位优势，使得该区域海洋农业资源非常丰富。据统计，浮游植物 2000 个/平方米，浮游动物 150 毫克/立方米，底栖生物 143 克/立方米，属于高生物量的海区；鱼类资源有 500 多种，虾蟹类 220 多种，是我国著名的热带渔场。驰名中外的合浦珍珠也盛产于此。

二、临港工业

广西北部湾经济区东邻港澳和较为发达的珠江三角洲地区，西南与越南交界，隔海与东南亚国家相望，区域沿海拥有优良的港口，是我国西南地区唯一的出海通道。经马六甲海峡，北航可通南亚；西航可到西亚、中亚、非洲和欧洲；东航可至关岛；南航经菲律宾可达悉尼，便捷的海上航运通道为临港工业的快速发展提供了优越的交通基础条件。

钦州港地处广西北部湾经济区三沿海城市的中间，不仅是中国—东盟和中国东西部沿海的中心节点，更是我国面向东盟进出口的最主要门户。1996 年钦州港成为我国对外开放的一类口岸，海岸线总长 520.8 公里，可建 1 万~30 万吨级深水泊位约 200 个，规划吞吐量可达到亿吨以上，是我国的深水良港之一。随着中国—东盟经济的迅速发展和北部湾经济区的整合发展，钦州港以临港工业和港口建设为中心，以工业化带动城镇化发展，形成了农业现代化为特色的产业发展格局，经济发展总体水平显著提高。近年来，钦州港港口吞吐量增长迅猛。1994 年开港时，港口吞吐量为12.2万吨，到2018年12月，钦州港货物吞吐量达1亿吨，集装箱吞吐量226.5万标箱。出口货物主要为轻工医药、非金属、金属矿石等；进口货种则主要为粮食，石油等。2019年8月，国务院批准设立中国(广西)自由贸易试验区钦州港片区，为钦州港经济发展、制度创新带来新的机遇与挑战。

北海港位于广西海岸东部，是广西沿海主要的外贸港口之一，地理位置优越。北海港由四个港区组成，分别是北海老港区、石步岭港区、铁山港港区和大风江港区。货物仍然以国内贸易为主，主要出口金属矿石、木材、化肥等；主要进口石油、粮食等。北海市港口近年总体发展较快，2017年，北海市港口货物吞吐量达3168.77万吨，同比增长15.24%；港口集装箱吞吐量累计完成23.88万标箱，同比增长54.23%；港口旅客吞吐量完成22.15万人次，同比增长25.29%。其中铁山港的开发使北海真正确立了港口优势，成为北部湾连接西南、华南和东盟经济圈的重要通道。

防城港是我国西部最大港口，是西南地区通往东盟和世界的最主要海上运输门户。其位于广西北部湾经济区的西南部，具有沿海沿边、航道短、水位深的优势。港口可开发利用的深水岸线达30多公里，可建设0.5万~20万吨级泊位近100个。防城港作为我国沿海25个主要港口之一，对我国西南部、中国—东盟的货物进出口具有物流运输、中转、增值的意义。广西北部湾经济区上升为国家战略以来，防城港由于独特的区位和航道条件，在发展"亿吨大港"的同时，积极发展冶金、制糖、石油化工等临港工业，不仅积极发展电力产业，也建成了我国最大的粮油、磷酸等加工基地。2017年防城港吞吐量7759万吨；中小港吞吐量2596万吨；集装箱吞吐量完成26.89万标准箱。目前，防城港已经形成了"集装箱、进口铁矿、有色金属矿、硫磺、粮食、液体化工产品、出口非金属矿、煤炭等的专业化物流系统"是我国12大国际枢纽港之一，战略地位和经济作用正在进一步凸显。

三、物流服务业

区域物流的发展不仅能提高区域内物流产业的水平，还关系到整个区域的经济发展。区域物流能够协调区域经济的发展，可以满足区域市场形成和发展的需要，作为第三产业的区域物流在区域经济的产业结构中起到重要的调节作用。对于广西北部湾经济区(在此暂不对玉林市、崇左市进行研究)而言，由于其临海、沿边的区位特点，发展区域物流具有独特的优势，对广西北部湾经济区的整体发展具有深远的意义。

目前广西北部湾经济区物流网络的空间结构形成以南宁市为中心的扇形网络结构，呈现以南宁市为中心向东、向西、向南依次递减的特征。各物流节点城市的区域物流发展水平差异明显，空间发展不均衡，不仅体现极核式的城市空间结构，也体现了中心—外围结构特点。南宁市是等级最高的增长极,区域物流中心城市基本形成;北海、钦州、防城港三市的区域物流发展水平差异较大,钦州市和北海市成为次一级的增长极,防城港市属于三级增长极,物流发展潜力巨大。各市物流业2010年发展状况与特点,见表1-11、表1-12。

表1-11　　　　　　　　**2010年南钦北防三市物流业发展状况**

城市	2010年末(万人)		2010年末(亿元)		物流量(万吨)	货物周转量(万吨/公里)
	总人口	物流业从业人员	经济总产值	物流业产值		
南宁市	686.84	7.33	1800.43	1196.4	19171.05	863.7
钦州市	379.11	0.81	504.18	99.05	16941.95	331.7
北海市	161.75	0.77	401.41	55.27	4498.88	101.71
防城港市	86.01	1.32	319.54	65.47	7066.83	229.06

表1-12　　　　　　　　**南钦北防三市物流业发展方向及特点**

城市	特点及发展目标
南宁市	被商务部确定为"全国流通领域现代物流示范城市"。区域性现代商贸物流基地已基本形成。在此基础上,南宁市将强力推进保税物流中心功能升级并向综合保税区转型,加强口岸"大通关"建设,打造南宁"无水港",形成区域性保税物流、国际物流体系,重点建设一批大型物流仓储配送中心,培育一批物流龙头企业,加快构建公共物流信息平台,促进第三方物流和电子商务物流。
钦州市	作为区域性国际航运中心和物流中心及北部湾集装箱核心港已具雏形。以保税港区为主导和临海重化工业专业物流服务为主导,引进一批加工贸易、仓储物流项目。依托钦州保税港区,重点发展集装箱服务、国际贸易、汽车及工程机械、大宗货物港口物流等。
北海市	以出口加工区的高新技术为主导、以集装箱运输和港口国际物流为主、提供海空港快速物流一体化服务。
防城港市	作为全国主枢纽港,大力发展临海重工业专业物流服务,大宗货物港口物流服务,重工业国际物流服务。全面建设以物流信息平台、综合物流园区、专业物流中心和配送中心、交通枢纽设施、连锁配送、第三方物流配送为基础的现代物流服务网络。

四、滨海旅游

滨海旅游可以说是防城港、钦州、北海三市在北部湾经济区发展中的又一亮点,不仅拥有高品位的滨海旅游资源,且自然风光与人文风情并茂,包括亚热带海滨风情(白浪滩、金滩、三娘湾、北海银滩)、海岛风情(龙门七十二泾、涠洲岛)跨国海湾风情(京族三岛)、中越边境风情(东兴口岸)、少数民族风情(京族)、历史文化风情(海上丝绸之路)等,与周围内陆旅游地相比,具有无法复制与可比的优势。

虽然广西北部湾滨海地区旅游发展近年有一定的提高,但三市的发展水平相差较大。三市中防城港市旅游资源条件优越,沿边沿海地缘优势凸显;北海市旅游发展较早,海滩旅游资源条件十分优越,旅游基础配套服务设施相对完善,国内游客人数一直领先;相对北海市与防城港市而言,钦州市旅游资源相对匮乏,起步也较晚,且基础服务设施还不够完善,但近一两年也有了起色,见图1-16。

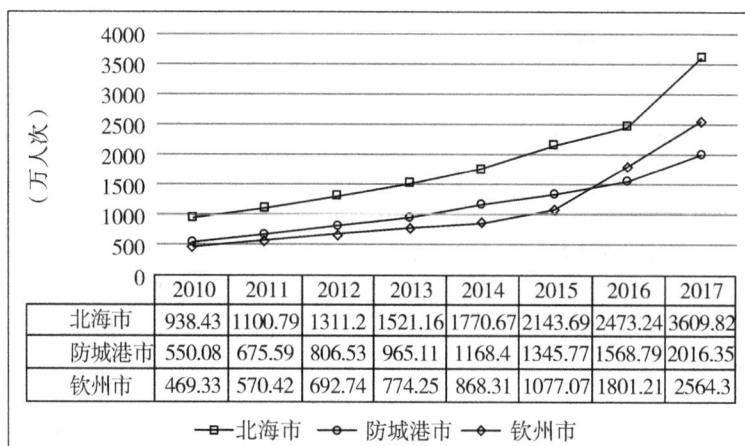

	2010	2011	2012	2013	2014	2015	2016	2017
北海市	938.43	1100.79	1311.2	1521.16	1770.67	2143.69	2473.24	3609.82
防城港市	550.08	675.59	806.53	965.11	1168.4	1345.77	1568.79	2016.35
钦州市	469.33	570.42	692.74	774.25	868.31	1077.07	1801.21	2564.3

数据来源:广西统计年鉴2011—2018

图1-16 广西北部湾沿海三市2010—2017年国内游客人数情况

从2010—2017年广西北部湾沿海国内外游客人数情况看出(图1-16、表1-13),三市国内游客人数逐年增加,发展势头较好。在各星级饭店中均以三星级为主,其中五星级饭店北海市与钦州市各一家,防城港市空缺。三市中,北海市滨海旅游国内游客人数一直处于领先,充分显示出其优越旅游资源对国内外游客均具有较强的吸引力,加上旅行社与星级饭店数量在三市中较为突出,基础服务设施较完善,旅游发展较稳定。防城港市滨海旅游资源在三市中更显多元化,且旅游管理部门数量配备更完善,但2016—2017年国内游客人数被钦州赶超。钦州市滨海旅游资源较匮乏，特别是沙滩质量等级逊色于北海市与防城港市，加上星级饭店数量较少，配套服务设施相对落后(见表 1-14)；在经过合理的规划管理与开发宣传后，钦州市2015 年国内游客人数突破 1000 人，2016 年国内游客人数赶超防城港市。

表 1-13　广西北部湾沿海三市 2010—2017 年入境旅游者人数情况

城市	2010 年		2011 年		2012 年		2013 年	
	合计	外国人	合计	外国人	合计	外国人	合计	外国人
南宁市	167527	123267	236144	161735	300674	209892	351068	233107
北海市	73008	37249	83073	41703	98759	53205	115820	61427
防城港市	70122	66388	103275	99002	127497	122183	146715	140034
钦州市	24367	2950	35630	5220	41631	6220	46112	6829
城市	2014 年		2015 年		2016 年		2017 年	
	合计	外国人	合计	外国人	合计	外国人	合计	外国人
南宁市	432967	309542	510850	396336	555424	422610	591288	407692
北海市	120938	63113	129053	65264	135536	66498	145410	76008
防城港市	153803	144795	160987	150294	168593	156605	176622	163625
钦州市	50312	7227	53573	7300	61916	8350	68793	9438

数据来源：广西统计年鉴 2011—2018

表 1-14　　北部湾沿海三市 2017 年旅游机构数量情况

地区	旅游管理部门	旅行社	星级饭店				
			小计	五星	四星	三星	二星
广西壮族自治区	195	830	457	12	96	264	85
北海市	6	60	35	1	5	23	6
防城港市	12	30	25	0	6	19	0
钦州市	7	63	17	1	0	16	0

数据来源：广西统计年鉴 2018

第二章　基本原理与基础知识

第一节　人口与人种

一、地理环境与人口增长

1. 人口增长的影响因素

一个国家或地区人口数量的增长，是人口自然变动和机械变动综合作用的结果，但通常取决于人口的自然变动及出生人数和死亡人数之差。人口自然变动是各种区域性地理环境因素影响的结果。这些因素包括两个方面，其一是自然因子：自然灾害、自然环境、年龄性别结构、人体生理素质等。其二是社会因子：经济发展水平、文化教育、科学技术、医疗卫生、宗教习俗、人口政策、战争等。随着社会经济的进步，科技能力的提高，社会因子通常是人口增长主要的、起决定作用的因素。

首先，自然环境影响着人类的发展，是人类生存和发展的自然物质基础；而人类是自然环境长期发展变化的结果。自然环境给人类生存与发展提供了生存资料，是人们所从事社会物质资料生产的一切物质条件；自然环境的优劣对人口发展、人口分布、人口密度有着重大影响，如地形地貌、气候、水源、土壤、矿产资源、海洋资源等。

其次，社会生产力发展水平对人口数量的变动有直接的影响。人类社会的初级阶段，生产力水平极低，抵御自然灾害的能力极弱，人口出生率虽高，但死亡率也高，因而人口自然增长率极低，人口增长呈现相对静止状态。但随着社会生产力的发展，人们生活水平不断提高，医疗卫生条件大大改善，死亡率明显减小，出现较高的人口自然增长率。近现代以来，由于教育的发展，技术的进步，对劳动力的素质要求更高，竞争压力更大，加之社会福利的发展，生育观念的改变，人们倾向于追求高质量的生育教育，出生率下降到一个低水平。

再次，政治因素对人口数量的影响主要有两个方面。一是政局是否稳定，有无战争；二是生育、教育、福利等政策因素。政局稳定的社会有利于生产力的发展，国泰民安，人口增长相对快些。如果发生战争，直接或间接死于战争的人数增加，人口死亡率上升，人口数量明显减少。此外，在教育和福利政策比较优越的国家一般出生率较低，一个国家或地区越富有，其人口增长越慢。2016 年 1 月 1 日起，新《人口与计划生育法》正式施行。第十八条第一款明确规定了"国家提倡一对夫妻生育两个子女"。这就向全国人民宣告，两孩生育新政策已在中国大陆全面实施。

最后，宗教风俗等社会因子也是人口的增长影响因素。比如佛教不许婚配降低了人口出生率，而中国传统的"早生贵子""多子多福"等观念又无形中增加了人口出生率。

2. 人口增长与环境的关系

不仅地理环境会影响人口增长，与此同时人口增长也会反作用于地理环境，不能单从人口作为生产者的一面认为人口越多越利于发展，或者单从人口作为消费者的一面认为人口越多消费越多，越不利于发展。实际上人口作为生产者和消费者是相互依存和相互制约的关系，人口是生产者和消费者的统一，对发展起着促进或延缓的作用。从以下两方面进行分析。

适度的人口增长有利于人口与社会经济、资源和环境的协调发展。一是人口的增长增加了有效需求，能够促进经济的增长；二为社会提供充足的劳动力，包括各种优秀人才；三是从生物学的角度来讲，人口的适度增长是人类生存发展的必需，适度的增长能激发人类创新进取而不断提高资源环境的利用率。

人口的过快增长对地理环境产生消极影响。一是过快增长导致资源紧张，任何区域的资源在总量上总是有限的；二是人口规模超过环境承载力，导致生态环境破坏；三是过快增长对经济发展压力过大，增长的人口抵消了经济发展成就，不利于社会的可持续发展。

3. 适度人口的意义

人口容量即人口承载量，是指地球及其各个部分在一定时期、一定条件下所可能容纳和抚养的最多人口数量，指一定地区人口生态系统现状水平下所能承载的人口规模的最大限度。而适度人口是指在不破坏生态环境、不耗尽可再生资源的条件下，特定空间资源对人口的最大负荷能力(张文奎)。一个国家或地区最适宜的人口数量，实际上是一种理想的人口数量。联合国20世纪70年代初举行的环境会议公布的资料表明：人口稳定在100亿或者略多一些，这是能够使全世界人民吃得较好，并维持合理健康而不算奢侈的人口限度。

适度的人口有经济适度人口和实力适度人口之别，前者指在最有利的条件下达到最高生活水平(即按人口平均的最高产量和最高收入)的人口，也即获得最大经济福利的人口；后者指一个国家达到最大实力时的人口，即指除去考虑每个平均的最高生活水平外，还要考虑国家的政治和军事所需要的人口。因而，实力适度人口在数量上要高于经济适度人口。

4. 人口分布的影响因素

人口分布是指一定时间内人口在一定地区范围的空间分布状况。人口密度一般被看作衡量人口分布的主要指标，它反映一定地区的人口密集程度，是指单位土地面积上居住的人口数，通常用每平方千米常住的平均居民数量来表示，称为人口算数密度(亦称粗密度)。应当注意的是，人口密度提供的只是一个平均数，它掩盖了所计算范围的内部差异，考虑的范围越小，所计算出的人口密度就越能反映出人口分布的真实情况。

人口分布的不平衡性是世界各国、各地区的总体特征，在空间上表现出四个特点。①人口纬向分布。按维度分布来看，世界人口主要集中在北半球的中纬度地区20°~60°之间，这种分布状况反映了气候的地带性和北半球陆地面积的宽广。②沿海分布。沿海分布是世界人口分布的一个显著特点，各大洲沿海地区往往人口稠密，目前一半以上的人口居住在沿海地带200公里以内。③人口垂直分布。从垂直高度来看，海拔越高人口越少，世界人口的90%居住在海拔1000米以下的地平地区。④人口的城乡分布。近现代以来，世界人口向城市集中；但随着经济的发展，发达国家和地区出现逆城市化。

人口分布是人口发展过程中自然、社会、经济、历史、文化等多种因素综合作用的产物。自然因素对人口分布有着巨大的影响，但是它只是提供了人口分布的可能性。人口分布更是一种社会现象，社会经济环境特别是生产力水平及其分布是人口分布的决定性因素。

(1)自然因素

一般来说，生产力水平越低，自然因素对人口分布的影响就越重要、越明显，有时甚至起着决定性的作用。随着生产力的发展和水平的提高，这种影响会逐渐变小。自然环境作为客观自然基础影响着人口的分布，主要体现在自然环境对生产和生活条件的影响：一是气候对农业生产及人体机能的直接影响，从而影响人口的出生率和死亡率；二是地形对人际交流(包括经济、文化)的影响，制约着人口的分布；三是水资源对生产生活的决定作用；四是土壤对农业生产的影响，在一定社会经济条件下影响到人们的衣食来源，通常适于黑土地带和冲积地带，人口密度较高；五是能源矿产等自然资源的开发利用对人口分布有较强的引力作用，一般围绕矿产开发利用地区分布有较多人口。这些因素都以很复杂的方式影响着人口分布，并相互作用。自然界为人类提供的环境极其多样，经常影响到政治边界和人口密度。

(2)社会经济环境

社会经济环境对人口分布具有决定性的影响。自然环境对人口分布有重要影响是因为其给人类生存生活生产提供了潜在的可能性。但随着社会的进步，生产力的发展，人们改造自然界的经验和知识不断的积累，在生活生产中逐步克服各种自然环境的障碍，取得更大的自由。因此社会经济环境对人口分布有着越来越强的作用力，体现在三个方面，包括生产力的发展与分布、科学技术水平、政治历史。

一是生产力的发展与分布产生决定性的影响，首先，生产力的发展水平决定了供养人口自身生存和反映的必要物质生活资料，也决定了供养人口所必要的物质生产资料。因此，一定地区的生产力发展水平决定了一定地区的人口容量和人口密度。其次，生产力的发展水平也反映在产业部门的结构上，不同的产业结构对人口的分布有着很大的影响。凡是以第一产业部门为主的地区，人口分布都比较分散；而以第二、第三产业部门为主的地区，人口分布的集聚程度高，城市人口的比重大。最后，生产力布局在地域上的延伸或变化。一般来说，经济发达地区人口多而密集，经济落后地区人口少而分散。工业区比农业区人口密度大，种植业区比林区人口密度大。

二是科学技术水平也在一定程度上影响着人口分布。首先科技的进步将改变或削弱自然环境对人口分布的影响，人口迁移和居住的选择性将有所增大。另外，科技的进步促进新地区的开发，将不断要求开发新的能源与矿产，对大江大河进行综合治理开发，要求移民垦荒，这些都会使人口分布的格局发生变化。

三是现今的人口分布都打上了历史的烙印。历史上开发较早的地区人口较稠密，开发较晚的地区人口较稀疏，人们长期在一个地区居住生活会养成对当地环境的适应，因此人们通常不愿意离开祖祖辈辈生活的地方，此即所谓故土难离。此外，政治因素对人口分布的影响也较大，有时短时间内便可改变人口分布状况。

二、人口移动

人口移动包括人口迁移与人口流动，指所有人类个体在空间位置上的移动，是社会经济生活中的非常普遍的一种现象，也是区域人口动态发展的最重要因素。随着社会经济的发展和科技的进步，交通运输日益方便，人类流动、迁移的机会大大增加，个人移动的动机、方式不尽相同。

人们出于某种目的，移动到一定距离之外，改变其定居地的行为叫做人口迁移；而暂时离开居住地的人口位置变动叫做人口流动。迁移者称为移民，其原居住地称为迁出地，新居住地称为迁入地。人口迁移常用迁入率、迁出率和净迁移率等指标来衡量。

人口迁移按其涉及的范围是否跨越国界，可分为国际人口迁移和国内人口迁移；按迁移的时间，可分为永久性迁移、积极性迁移等；按人口迁移的社会组织形式，可分为个人迁移、集体迁移、自愿迁移、被迫迁移、自发移民和有组织移民等。

人口迁移的空间规律：①大部分的移民只是短距离的迁移；②乡村人口向城市或者其他地区迁移具有阶段性；③两地间的净迁移量在总迁移量中所占比重不大；④乡村居民比城镇居民更富有迁移性；⑤短距离迁移以女性居多，长距离迁移以男性居多；⑥大部分移民是年轻人；⑦迁移的主要动机以经济为主。

三、人种与地理人种

1. 人种

人种，即人类的种族，是指具有共同起源并在体质形态上具有某些共同遗传特征的人群。这些特征包括肤色、眼色、发色、发型、身长、面型、鼻型、血型等。

世界种族的划分有许多方案。最初的人种划分是以肤色为主，分为三类：黄种人、白种人、黑种人。也有人主张将大洋洲土著作为棕种分出，共分为四类。

目前，按国际上比较统一的看法，将人类分为四大类种族和 12 个种族。

①白色种族群。白色人种皮肤呈白色、浅棕色，波状金发或棕发，鼻高目蓝。

②黄色种族群。黄色人种皮肤黄色，毛发黑而直，眼褐色。

③黑色种族群。黑色人种皮肤呈黑棕色，头发黑且呈羊毛卷状，唇厚。黑色人种分布比较广泛，其中撒哈拉以南的非洲大陆为黑人中心。此外，美洲也有两千多万名黑人。

④棕色种族群。棕色人种肤色深，儿童的头发有时为红色甚至是亚麻色，毛发卷曲。他们与非洲黑人的区别是：鼻梁高而不扁，唇厚但不外翻。

2. 地理人种

各种族自然形态的形成与环境有密切的关系，既受环境条件制约，又在环境长期影响下表现出自己的适应性。起源于同一地区的种族，经过迁移，由于环境不同，在自然形态遗传基因上都发生了变化，因此才形成了不同的种族。

地理条件对体质、血性系统、免疫系统和遗传基因上有一定影响，导致地理区范围内的人群具有一定共性，这些人群称为地理人种。包括亚洲地理人种、欧洲地理人种、非洲地理人种、美洲印第安地理人种、印度地理人种和澳大利亚地理人种。

第二节　民族、民俗与民居

一、民族的形成与特征

民族是人们在历史上形成的一个有共同语言、共同地域、共同经济生活以及表现于共同文化上的共同心理素质的稳定的共同体，发展经过了五个阶段：氏族、胞族、部族、部落联盟、民族。

民族融合是两个对等的民族经过长期的共同性增长的基础上融为一体，民族之间的共性逐渐增多。迁移杂居互相通婚，各民族互相学习共同发展。在民族融合过程中，文化整合也伴随而来。文化整合即指不同文化相互吸收、融化、调和而趋于一体化的过程。

二、民俗的形成与分类

民俗又称为"民间文化"，是指一个民族或一个社会群体在社会生活中逐渐形成并世代相传、较为稳定的文化事项，是各族人民历代相沿积久而形成的风尚、习俗。民俗的形成有三大根源：地理根源、社会根源、历史根源。地理根源是指由于自然环境的地域差异形成的民俗上的差异，如：房屋的式样，服饰，生活习惯等。社会根源是指由于社会经济条件所引起的民风的差异。如不同生产方式地区的居所、服饰、饮食等方面的差异。历史根源是指由于时代变迁所留下的历史遗风如春节、清明各节气，舞狮、龙灯、跑旱船等。民俗有三大类八小类之分。

第一类：物质生活民俗

①生产民俗(农业、渔业、采掘、捕猎、养殖等物质资料的初级生产方面)；

②工商业民俗 (手工业、服务业和商贸诸业等物质资料的加工服务方面)；

③生活民俗(衣、食、住、行等物质消费方面)。

第二类：社会生活民俗

①社会组织民俗(家族、村落、社区、社团等组织方面)；

②岁时节日民俗 (节期与活动所代表的时间框架)；

③人生礼俗(诞生、生日、成年、婚姻、丧葬等人生历程方面)。

第三类：精神生活民俗

①游艺民俗 (游戏、竞技、社火等娱乐方面)；

②民俗观念(诸神崇拜、传说、故事、谚语等所代表的民间精神世界)。

三、民居的修建及特点

民居的外观与内部特点，均能反映出其与环境的关系。

建筑材料：如石头房、土窑洞、竹楼(傣族)、蒙古包、砖木建筑等。

建筑布局：①一栋房舍的单位结构；②不同大小、式样、功能的房屋以一定的目的集合在一起的某种组合。

建筑外形与内部特征：建筑外形如房顶的坡度、墙体的厚薄、窗户的大小、廊檐的宽窄等。

四、流行文化

与民俗(民间文化)相对应的是流行文化，它代表的是当今风行的、大众的、时尚的文化。流行文化作为一种新文化动向，尽管有时转瞬即逝，但也有的作为一种传统文化的流变或成为新的文化而长久存在，甚至掩盖了民间文化。如欧洲和北美，流行文化几乎是完全淹没了民间文化，而在日本，则是民间文化(艺会、相扑、茶道)和流行文化(洋服、摇滚乐、棒球)并存。世界性的流行文化主要有足球、服装、快餐(西式快餐——肯德基、麦当劳，中式快餐)、流行音乐。

第三节　语言与文化

一、语言

（1）语言的基本属性

语言是指用习惯的记号、姿势、符号，特别是音节分明的口头声音交流思想和感情的工具，是人类思维的外壳。

语言是无形的文化要素，没有直接的痕迹。一般认为，劳动是语言产生的唯一源泉，没有劳动就没有语言。声音和意义是语言的两大组成部分，语言的产生必须有足够的声音材料和意义要素。两者都是在劳动过程中形成的。语言作为表达思想、促进交流的工具，其重要属性包括：

①社会性

语言是社会约定俗成的，是所有成员以不同形式参与、约定和服从这种约定的结果。语言依赖社会，社会同样也需要语言。失去了语言，社会的发展就会受到极大的限制，人民的思维活动也难以完整地表达，人们的生活生产活动也难以协调。

②交际性

语言存在的价值在于交际。语言首先是适应人们的交际需要而产生的，离开了这种交际需要，语言也就没有存在的必要。语言不是唯一的交际工具，但却是最主要、最重要的交际工具。手势、烽火、鼓声、数学公式、化学符号、红绿灯等都可以成为交际工具，而且在特定的环境下，同样发挥着重要的作用。但是这些交际工具并不能取代语言，相反，语言却完全有能力取代它们来应付交际需要。

③工具性

语言是人类重要的信息载体，也是人类的一种思维工具。在所有的交际载体中，“声音”是最方便、最灵活、成本最低的载体。人们不但在交际时需要语言，在进行思维活动时同样需要语言。人的思维活动成果也需要用语言表达出来，使交流思想成为可能；即使在沉默时，也脱离不了语言，只是形成无声的语言罢了。

（2）语言的社会功能

语言是人们交换意见、传授经验、继承与传播文化的重要载体，其在人类社会发展中发挥着重要的作用。①语言不仅是人类的一种思维工具，也是认知交流的媒介；②不仅是人类智力开发的工具，也是人类文化传承的载体；③不仅是民族心理的寄托，更是促进生产力发展的工具。

（3）汉语的发展

汉语是我国汉族使用的语言，也是部分少数民族使用的语言，是世界上使用人数最多的语言。目前，我国对汉语的分区仍然没有统一观点，但"七大方言"已成为语言学界的主流。七大方言包括：北方方言、吴方言、湘方言、粤方言、闽方言、赣方言、客家方言。

二、语言与文化的传播

文化是人类智慧的结晶，是人类生产生活中一切物质财富和精神财富的总和。语言也是一种重要的文化表现形式，其传播、继承与发展都与文化有着相似之处。

（1）语言传播特性

①外延性与连续性

波形扩散是将一种语言或语言要素作为波源，它的扩散如同波一样向四周散开，两种或两种以上波源的波相遇后，便形成一个新的语言现象增长点。这些新的语言增长点发展成熟后又形成新的波源。语言的传播呈波状向外放射，这就是语言传播与扩散的外延性。语言向外延伸过程中，逐渐向相邻地区扩展，再通过外延地区向其他相邻地区传播，故语言在地区分布上有连续性的特点。

②距离衰减性

距离衰减性是指某文化现象随着距离语言、文化的起源地或中心地越远表现越弱的现象。在语言、文化的起源地或中心地该文化现象表现最强烈。

③层序性和阶层性

语言的传播呈波形扩散，对某些地区来说具有多次重复的层序性。如某个地区早期传入古老语言和后期传入的新语言就是很好的体现。此外，语言的阶层性表现在不同身份的人群，用词用语也有所区别；即使同一语义，封建社会不同阶级的人对同一对象的称呼不一样。如：古代，老爷、夫人一般仅限于官宦人家夫妻间的称呼；而普通老百姓夫妻间的称呼更多用官人、娘子。

④复合性

复合性是语言在扩展接触中，一种语言吸收其他语言成分，形成复合语。如汉语中夹杂着字母词，例如"谷歌"就是"Google"的汉语译音，且在汉语中经常出现。此外，语言的复合性还表现为一种双语现象，特别是商业、战争或政治等原因使两种语言不可避免相遇碰撞时，更容易出现。如香港特别行政区，就是汉语和英语通用的地区。

⑤竞争性与同化性

在传播过程中，两种以上语言相遇时就有由开始相互竞争同时存在，到逐渐同化的现象。如我国少数民族语言和汉族语言之间、民族迁移到新地方后新语言与旧语言等之间的关系就具有类似现象。语言作为工具本身在竞争中相互融合，导致自身异化而趋于同化。随着社会经济的发展，代表"优势文化"语言对代表"弱势文化"语言的影响日益彰显，少数民族语言、地方特色的语言更加边缘化。民族融合发展的同时，应注重保护代表"弱势文化"的语言，如少数民族语言。

⑥演化性

语言的演化性是指语言由简单到复杂的演化过程。其有两种表现形式：第一，形容词的增加，使得原有名词的语义丰富多彩，如"雨"，可演化为"春雨""梅雨""暴雨""台风雨"等；第二，随着生活生产环境的改变及科技发展水平的提高，新名词、网络名词也逐渐融入人们的语言中，如"酸雨"随环境的状况变化而出现。"登录"指记载、登记、记录、录制、抄写之意，现又指进入操作系统或者应用程序的过程之意，如登录浏览器、登录 QQ、登录邮箱等。"粉丝"原指生活中的粉条，是一种用绿豆、红薯淀粉等做成的丝状食品，现又指崇拜某明星的一种群体。

(2)语言文化传播的影响因素

人口的迁移与流动直接影响语言传播的同时，媒体也是影响语言传播的重要因素。而在众多影响人员空间流动以及媒体传播语言信息的因素中，又可分为自然因素和人文社会因素。

①自然因素

自然地理条件良好、通达性强的地理区域，语言扩散传播状况好；自然条件差、通达性弱的地理区域，区域外的语言难以进入，区域内的语言也难以对区域外的语言产生大的影响，语言扩散传播状况差。如远离大陆的孤岛、高大的山脉、环境恶劣的高原区等，至今仍保留着各地的方言或民族语言。

②社会人文因素

语言是一种社会交际的工具，其传播与扩散不仅受到自然因素的影响，更受到社会人文因素的影响。

a. 行政区划的影响

行政区域的划分和建制往往对语言的传播扩散具有决定性影响。同一行政区内，不仅要求经济管理等方面一致，而且往往要求使用语言上的统一，每一个国家或地区都有自己所使用的共同语言。语言界线与国界有着极大的一致性。

b. 经济条件的影响

如果不同地区在政治经济上联系越来越少，语言的差别就会越来越大，往往造成地域方言的形成。相反，经济越发达的国家和地区，同其他国家或地区在经济文化等方面的交流方面越频繁，其语言的影响也越大。

c. 人口迁移的影响

人是语言的载体，语言的传播扩散是通过人的交谈、移动完成的。移民作为人口迁移的一种方式，促进了语言的发展。移民所带来的语言有时虽不能取代当地语言，但其语言成分往往能渗透到当地语言中，对当地语言产生影响。

(3)语言的扩散及其结果

①新来语言取代当地语言

②新来移民接受当地语言

③新来移民带来的语言先存在，后影响下降或消失

④新来移民仍维持自身语言，成为特殊的语言岛

⑤新来的移民到新地后，最终随着环境条件变化形成新的语言

⑥多语言国家的出现

(4)地名景观

不同地区、不同民族的文化有着不同的特色，作为文化组成部分的语言也存在很大的差异，因而各地区民族呈现出不同的语言景观，除不同语种发音语调不同外，文字和地名表现得尤为突出。

我国地名景观从意义上讲，可分为历史地名、变迁地名、意愿地名等不同类别。其时代性、空间性等特点不使其具有反映区域文化空间过程，推断文化事物或现象的扩散过程。

①反映自然环境方面

地名主要反映地点的相对位置，"山北为阴，山南为阳""水南为阴，水北为阳"的说法，如华阴、沈阳、洛阳等。

②反映经济活动方面

有的地名反映当地商业活动的特点，如茶店、酒店、牛市屯、柴树店等；还有的利用十二生肖来命名，不仅表示该地经济不发达、交通条件差，还反映过去十二生肖表示日期，便于民众记忆，如牛场、马街、羊街、猪场等；另外，还有反映某些地区矿产资源和交通的，如金沙江、铜官山、天津、孟津等。

第四节　农业与工业

一、农业活动与地理环境

农业是人们通过生物机能的途径把自然物质转化为人类生产和生活资料的社会基础工程。产业结构角度：农业属于第一产业，是人们利用动、植物的生理机能，通过人工培育，获得粮食、工业原料和农副产品，满足人民生活和国民经济建设需

要的物质生产部门。其产品基本上是从自然界直接获取的，即通过动植物本身的生长、繁殖来完成其生产过程。狭义的农业指耕作业，也称"种植业"。广义的农业包括种植业、林业、牧业、副业、渔业等五个生产部门。农业类型包括种植业、林业、畜牧业、渔业、副业等。

农业活动由于受到自然地理环境的影响，表现出强烈的季节性、严格的地域性、生产区位的不可游离性及生产过程的周期性。

1. 农业活动的影响因子

（1）自然因子

①气候

气候因子是非常重要的农业资源，其光照、温度、降水等气候要素是农业生产的光合作用依赖的条件。日照的长短、光照的强弱、无霜期长短、降雨量的多少、极端气温情况等均能影响农作物产量、质量和分布的情况。

②土壤

土壤是陆生农作物生活的基质，是农业生态系统中物质与能量循环、交换的重要场所。土壤的结构、肥力、深度、化学成分、酸碱度等，对农作物的生长和布局都有一定的影响。

③地形

地形对农作物的影响以海拔、坡度、坡向最为明显。随着海拔高度的变化，日照、气温、降水、温差、地面辐射等都会发生变化，农业生产的垂直地带性也因此而产生。坡度较小的地区是理想的农耕区，适宜机械耕作；坡度较大的地区不利于人类的生产生活，易造成水土流失，适合作为林业用地。

除了自然环境对农业经济活动有影响之外，人文环境也是影响农业生产的重要因素，如劳动力、科学技术、生产力水平、市场需求、交通运输、农业政策等。

（2）人文环境

①农业劳动力数量和素质

农业劳动力数量和素质是影响农业经济活动的因素之一。不同的农业部门和集约经营程度，对劳动力数量和技能要求不同。在农业经济初级阶段，对劳动力数量的要求比素质要求更为迫切；而经济作物比非经济作物对劳动力的素质要求高。

②农业科学技术

农业科学技术的进步缩小了自然环境对农业生产布局的限制，减少了农业生产对土地的依赖性，缩短了农作物的生命周期，加速了农业生产与再生产的过程，提高了人们对农业生产布局的选择性。无土栽培使农业生产从旷野走进室内，且不受季节和自然灾害的影响；温室栽培使得部分低纬度农作物能在高纬度种植，反季节蔬菜及"淡季不淡"就是很好的体现，不仅提高了菜农的经济收入，也给人们带来更丰富的食物来源。

③生产力水平

生产力水平的高低既影响农业的生产布局，又影响农业生产水平。生产力水平越低，人类与自然相处的能力越低，农业布局的范围越小，单位面积的产量越低。

④市场需求

市场需求也是影响农业生产发展和布局的重要因素。市场需求可以引导与帮助农业生产，但农业的封闭性及市场信息的滞后性又会给农业生产带来损失。另外，农业生产反过来也可以培育市场需求，特别是改良品种和新品种的出现。

⑤交通运输

交通运输是商品经济发展的前提，商品性农业和农业地域专门化的发展，都离不开发达的交通运输系统。完善便捷的交通正深刻地改变着传统城郊农业的内涵，使城市居民肉禽蛋奶蔬菜的供应来自远离市场的农副产品基地。

⑥农业政策

农业政策对农业生产与布局起调控作用，是调节农业经济发展中无形的手，在一定程度上弥补了市场信息的滞后性。适宜的农业政策，是引导农业健康发展的重要手段。

2. 传统农业与现代农业

（1）传统农业

传统农业是在自然经济条件下，采用人力、畜力、手工工具、铁器等为主的手工劳动方式，靠世代积累下来的传统经验，以自给自足的自然经济居主导地位的农业，在当今时代依然发挥重要作用。

其包括以下四种类型：

①旱作农业：主要靠自然降水，多是易受灾地区；

②水稻农业：桑基—鱼塘是我国珠江三角洲地区农民创立的一种生态农业模式。该类地区大规模农业机械化使用困难；

③地中海农业：果品业、花卉业、旅游业；

④游牧业：羊、牛、马、骆驼等。

具有以下四个方面的特点：

①是一种生计农业，产品剩余量不大，依靠体力、畜力、简单器械、传统经验等进行生产；

②生产水平低，剩余少，积累慢；

③农业人口比量大，农业社会发展慢；

④高度受环境影响。

（2）现代农业（商品农业）

现代农业是指应用现代科学技术、现代工业提供的生产资料和科学管理方法的社会化农业。在按农业生产力的性质和状况划分的农业发展史上，是最新发展阶段的农业。主要指第二次世界大战后经济发达国家和地区的农业。

其包括以下六种类型：

①种植园农业

概念：主要指热带经济作物种植园，集约化农场。

分布：东南亚，美国东南部，南美东北部，中美洲，非洲（几内亚湾为主）等地。

作物：饮料作物：咖啡、可可、茶叶

　　　果品作物：香蕉、菠萝、芒果、荔枝、椰子

　　　原料作物：橡胶、油棕、剑麻、烟草、黄麻

　　　香料作物：胡椒、丁香、肉桂、腰果、甘蔗

②谷物农业

概念：是面向市场专业化生产谷物的农业。

分布：美国、加拿大、阿根廷、澳大利亚、欧洲等。

作物：小麦、玉米、水稻等，玉米多用于饲料。

③牲畜育肥农业

概念：种植业与饲养业相结合的农业。

分布：美国五大湖以南的大陆地区；西班牙北部经地中海沿岸及大西洋、波罗的海沿岸地区的中部向东延伸的地区和巴西东南部地区。

作物：饲料作物有玉米、大豆、饲草、马铃薯、甜菜、燕麦等；牲畜主要有小牛、小猪。

④乳品业

概念：专门生产流质牛奶及乳加工制品的农业。

分布：北美、欧洲及其他地区的大城市的郊区。

限制：区位选择距离市场较近（也受交通工具和道路状况的影响）；适宜于饲料种植的地理环境。

⑤市场园艺农业

概念：为市场提供蔬菜、水果、花卉等产品的农业。

分布：发达国家以及部分发展中国家的大中城市郊区。

条件：靠近市场或有便利的交通，运输中需要保鲜。

⑥大牧场

概念：是指集约化程度很高专业化程度很强的资本主义经营方式的牧场。

分布：干旱少雨，有大面积草原与半荒漠地区。

具有以下基本特征：

a. 产品是提供给非农业人口消费的；

b. 多依靠机械和现代科技成果，农业人口比重低；

c. 大量使用机械、化肥、高产种子；

d. 农场规模大；

e. 与其他农业企业形成联合体、农业社会化程度高，"农工商一体化"。

3. 现代农业与传统农业的区别

（1）经营目标不同

传统农业生产技术落后，生产效率低下，农民抵御自然灾害的能力非常有限，农业生产受自然环境的影响较大，"靠天吃饭"的现象比较普遍。为了预防自然灾害给人们生存带来的威胁，农民尽量地多生产、多储备粮食以备不测，即以产量最大化为其生产目标，而增产的主要手段就是加大劳动的投入。

现代农业的经营目标是追求利润的最大化，即以一定的投入获取最大限度的利润。因为现代农业像现代企业一样，雇主要向被雇佣者支付工资，只有劳动的边际收益大于工资时，雇主才有利可图，才会增加劳动投入。所以，传统农业要过渡到现代农业，就必须将农业生产的目标由满足自给性消费的产量最大化转变为商品性生产的利润最大化。而完成这一转变的首要条件是农业劳动力比重的下降和农业人口压力的缓解，在巨大的农业人口的压力下，农业生产目标由传统到现代化的转变是不可能实现的。

（2）技术含量不同

农业领域的技术进步是通过凝结着先进技术的现代农业要素的不断投入来实现的。传统要素是从农业部门内部和大自然中获取的，技术含量低，且长期处于停滞状态，国家投入较少，农业生产所需的劳动力数量较多。在这种人地矛盾十分突出的状态下，农业机械的使用反而会进一步加剧这种矛盾。所以，在传统农业社会中，农业机械的应用和推广往往受到抑制。

现代农业是用现代科学技术武装起来的农业，其要素大多是由农业部门外部的现代化工业部门和服务部门提供的。现代农业要素投入的增长和农业现代科学技术含量的提高就意味着农业部门劳动力容量的减少。所以，农业现代化与工业化和农业人口的战略转移是密不可分的。

（3）经营规模不同

规模效益是现代农业明显的标志之一。

①现代农业是经营者追求利润最大化的农业。这一目标在小规模或超小规模的以满足自给性消费为目的的传统农业基础上是不可能实现的，而必须在较大的经营规模上，农民摆脱生产者的生存压力，把利润最大化作为自己追求目标的情况下才能实现。

②现代农业是高收入的农业。纵观世界发达国家，农民都是比较富裕的阶层，收入很高，而这种高收入必须建立在较大农业经营规模之上。

③现代农业是农产品高商品率农业。衡量一个国家农业的发展水平，关键看它

农产品商品率的高低，而农产品的商品率必然与较大的农业经营规模相联系。

④现代农业是高技术农业。传统农业主要是利用人力和畜力，而现代农业是利用现代机械技术、现代生物化学技术和现代管理技术武装起来的农业。特别是大型农业机械的应用必须有较大规模的作业空间，因而也需要较大的农场规模。

4. 其他农业的概念

石油农业：或称"能源农业"，即投入大量化肥，农药、机械装备等高投入、高耗能的农业。

观光农业：指在城市郊区和周围农村出现的一种新兴的可持续发展农业经营模式。

生态农业：是劳动密集和技术密集相结合的集约型农业。

城郊型农业：城市对菜、果、乳、肉、禽、蛋需求量的急剧增加所致，主要体现在世界各大城市市郊蔬菜、园艺、种植业、饲养业的较快发展，是高度商品化、集约化的农业。

5. 杜能圈与逆杜能圈

（1）杜能圈

杜能为寻求企业型农业时代的合理农业生产方式，探索农业生产方式地域配置原则。采用"孤立化的方法"：排除其他要素（像土质条件、土地肥力、河流等）的干扰，而只探讨一个要素（即市场距离）的作用。即不考虑所有的自然条件差异，而只是考察在一个均质的假想空间里，农业生产方式的配置与距城市距离的关系。形成的以城市为中心，由里向外依次为自由式农业、林业、轮作式农业、谷草式农业、三圃式农业、畜牧业的同心圆结构。该结构称为杜能圈，该理论称为农业区位论。

（2）逆杜能圈

辛克莱认为都市化不断提高，都市规模不断扩张的情况下，大都市的都市用地与都市边缘地带的农业用地形成竞争。由于作为都市地带的土地用地，如建工厂或购物中心等，通常比作为农业利用更能获得更高的利润，因此，都市边缘地带的农民，在期待土地转为都市用地和随时准备抛售土地的心理下，大多不愿在土地上投入大量的资金或劳动，而使农业经营趋于粗放。这种现象越接近都市越明显，这里的农业用地近期已不可能转化为都市用地，才由此向外恢复杜能模式。

二、工业活动与地理环境

工业是人们利用农业提供的产品，以及人们直接向自然界索取的矿产、水资源、空气、动植物等自然资源，进行加工和再加工的过程。工业经济活动对自然环境的依赖虽不及农业活动，但也摆脱不了自然环境对其的影响。

1. 工业活动的影响因素

（1）能源资源、矿产资源

煤炭、石油、水力等能源资源和铁矿、铜矿等矿产资源都是工业活动重要的资源，其赋存和地域组合状况影响工业的发展进程和地域的工业部门结构。世界上最早的工业区绝大多数都是煤炭、铁矿等资源地域组合较好的地区。

（2）水资源、水环境

水不仅是现代工业的动力（水电）来源之一，而且许多工业部门生产过程中需要消耗大量的水，如造纸、印染、冶金等工业部门。因此，高耗水的工业部门大多分布在大河沿岸或沿海地带，以方便取水。提高工业用水的循环利用率是节约水资源，减少废水排放量的有效措施，此外，水质的优劣影响着工业生产和人们生活，制约社会的发展。

（3）土地资源

土地是工业布局的场所，不同工业部门用地规模和单位土地的产出差别很大，占地较多、单位土地产出率低的工业部门适合布局在土地资源相对较多、地价较低的郊区。

（4）人文环境

每次重大的科学技术进步都对工业布局产生重要的影响，人文环境还包括知识经济与地理环境，如教育水平、人口素质、基础设施、政策等。

2. 工业的特征

①工业主要是物理的和化学的变化过程，以及少量的微生物作用和生物工程的过程，而农业生产是生物的自然再生产过程。

②工业生产过程可以分段进行，这些阶段可以是连贯的，依次的，也可以是不连贯、不依次的，甚至可以分散各地独立经营。

③工业生产的专门化和协作化程度高。工业协作是工业部门和企业为共同生产某种产品，相互间建立的生产联系。

④精密度高，技术性强。

⑤集中的点状分布，而农业生产呈面状分布。

⑥除个别企业外，工业生产一般没有季节性，而农业生产有强烈的季节性。

3. 工业类型

根据产品的用途，可将工业分为重工业与轻工业。《中国统计年鉴》中提到重工业是指为国民经济各部门提供物质技术基础的主要生产资料的工业；轻工业是指提供生活消费品和制作手工工具的工业。根据影响工业的区位因素，又可将工业分为：原料指向型工业、市场指向型工业、动力指向型工业、廉价劳动力指向型工业和技术指向型工业。

第五节　城　市　化

聚落是指人类各种形式的居住场所，在地图上常被标成为居住点。聚落不仅是房屋的集合体，还包括与居住地直接相关的其他生活设施和生产设施，是人类的活动中心，可以分为城市和乡村两大类。

一、城市与乡村

城市作为人口的集中地，是物质、能量、信息交流和转换的场所，是复杂的社会经济产物，是区域生产生活的中心，是为生产生活服务与管理的中心，同时也是区域创新的中心，起着"中心"作用。

乡村是居民主要从事农业、人口分布较城镇分散的地方，以农业为经济活动基本内容的一类聚落的总称。

集镇是介于乡村与城市间的过渡性聚落。既无行政上的含义，也无确定的人口标准，一般是对建制镇以外的地方服务中心的统称。集市则是指乡村地区定期进行商品交易的场所。

二、城市的分类

地理学家认为城市是具有一定规模的、以非农业人口为主的居民点，是人口和社会的经济活动的空间聚集地。可依据地理环境、城市形态和城市职能对城市进行分类。

（1）奥隆索以城市的专门化职能为依据，将城市进行了分类

①行政城市：首都、税收城市；

②防御城市：要塞城市、驻军城市、海军城市；

③文化城市：教堂城市、艺术城市、朝圣城市、宗教城市；

④生产城市：采集加工业城市；

⑤运输城市：采集城市、运输城市、贸易城市；

⑥娱乐城市：疗养城市、旅游城市、度假城市。

（2）我国的城市职能分类

特殊职能城市、省和地区中心城市、县城、交通城市、工业城市。

（3）城市的大小分类

根据城市人口数量的多少划分城市的大小，不同的国家有不同的划分依据，如表 2-1 所示。

表 2-1　　　　　　　　　部分国家城市规模分类　　　　　（单位：人）

分类	中国（1980 年）	日本	美国	
特大城市	100 万以上	100 万以上	1 级	100 万以上
			2 级	50 万~100 万
大城市	50 万~100 万	50 万~101 万	3 级	25 万~50 万
			4 级	10 万~25 万
中等城市	20 万~50 万	10 万~50 万	5 级	5 万~10 万
			6 级	2 万~5 万
小城市	20 万以下	1 万~10 万	7 级	1 万~2 万
			8 级	1 万以下

　　我国关于城市规模的划分标准可以追溯至 20 世纪 80 年代。1980 年 12 月，原国家建委修订《城市规划定额指标暂行规定》时，将城市人口规模划分为 4 级：即 100 万人以上是特大城市，50 万人至 100 万人是大城市，20 万人至 50 万人为中等城市，20 万人以下为小城市。但该规定中，并没有对城市人口进行清晰界定，有关部门对城市人口统计口径的使用有些混乱。1984 年 1 月，国务院公布《城市规划条例》，根据"城市市区和郊区的非农业人口总数"，将城市划分为 3 级：大城市指人口 50 万以上的城市。中等城市指人口 20 万以上不足 50 万的城市。小城市指人口不足 20 万的城市。6 年后，城市规划条例被《中华人民共和国城市规划法》废止了。城市规划法取消了特大城市认定标准，按照"市区和近郊区非农业人口"将城市规模等级划分为大城市、中等城市和小城市 3 级。2008 年 1 月 1 日，城市规划法被《中华人民共和国城乡规划法》废止，后者没有了设定城市规模的条文。

　　随着城镇化的快速推进、社会经济的迅速发展以及人口的流动，一些城市和县、镇的原有规模被大大突破。比如广东省东莞市虎门镇，从行政建制上是一个镇，但人口规模早就达到了城市的标准，而其管理体制仍然是小城镇模式，建设标准低，市政基础设施建设滞后，社会管理和公共服务达不到居民生产生活的要求，严重制约了城市发展和城镇化质量的提高。因此，用一个刚性的人口数据指标对城市规模进行分类，可能很难公允。应该由多个指标联合判断，比如人口规模、人口密度、人口结构、资源承载能力、基本公共服务质量等构成一个标准体系，对城市规模进行更有效的划分。

三、城市体系及其等级规律

　　城市体系指城市与城市、城市与地区之间实质上存在着固定联系与等级结构。

也就是说，一定地区内，性质不同、规模不等的城市是相互联系、互相依赖、互相补充的，进而形成一个统一的城市地域体系。

（1）等级规模法则

等级规模法则是1913年由费尔巴哈提出的一种人口规模规律，认为地域城市人口规模组合呈一定规则。通常来讲，人口规模居第二位的城市其人口为居第一位城市人口的1/2，第三位城市为第一位城市人口的1/3，以此类推。这种人口规模规律，成为等级规模法则。1949年济普夫更明确了这一规律，因此称之为费尔巴哈—济普夫法则。

（2）首位城市法则

首位度在一定程度上代表了城镇体系中的城市发展要素在最大城市的集中程度。杰斐逊提出了"两城市指数"，即用首位城市与第二位城市的人口规模之比的计算方法：$S = P1/P2$。

1939年，马克·杰斐逊（M. Jefferson）提出了城市首位律（Law of the Primate city），作为对国家城市规模分布规律的概括。他提出这一法则是基于观察到一种普遍存在的现象，即一个国家的"首位城市"总要比这个国家的第二位城市大得异乎寻常。不仅如此，首位城市还体现了整个国家和民族的智慧和情感，在国家中发挥异常突出的影响。城市首位律理论的核心内容是研究首位城市的相对重要性，即城市首位度。

（3）农村聚落体系

乡村是城市发展的基础，没有了乡村，城市也就不复存在。城市聚落体系的特点是集中，其经济活动的特点是集中带来高效益；而乡村聚落的特点是分散，其经济活动是由土地资源决定的自然分散状态。

农村聚落是指市区和城镇以外的居民聚居点，包括集镇和村庄。村庄与村庄、村庄与集镇、集镇与集镇之间存在着广泛的联系，这些相互联系的村庄与集镇形成的有机整体便构成农村聚落体系，也可称其为村镇体系。

农村聚落体系可以根据其人口、经济职能及服务范围进行不同等级的划分，等级越高其规模也就越大，但由于相应的门槛比较高，这样的村镇体系数量也比较少。

四、城市的区位分析

区位是指某一事物与其他事物的空间联系。城市区位指城市与外部自然的、社会的和经济的事物之间所构成的空间联系。城市的区位对城市的选址、建设及发展有着重要的影响。表2-2列举出影响城市区位分布的自然因素。除此之外，城市的选址、建设与发展还受到社会经济、交通运输、政治文化、宗教等因素的影响。

表 2-2 　　　　　　　　　影响城市区位分布的自然因素

自然因素		影响结果	原　　因
地形	平原	大多数城市分布在平原地区	地形平坦、土壤肥沃、交通方便、便于农耕、节省建设开支
	高原	热带地区城市多数分布在高原上	热带地区低地闷热，高原地区凉爽
	山区	城市沿河谷和谷底或开阔低地分布	地表相对平坦，水源丰富
气候	气候适宜	城市主要分布在中低纬度沿海地区	适度降水、适中气温
	气候恶劣	荒漠区、高寒区、湿热区的城市少	降水或气候条件不宜
河流	供水	城市常沿河分布	城市需大量生活用水和生产用水
	运输	河运起点与终点处易形成城市	货物在此集聚转运
		干支流交汇处易形成城市	大量人流、物流聚集、中转
		河口处易形成大城市	河运、海运交换处，人流、物流集散
	军事防卫	河流弯曲度较大处、河心岛处建城	利用天然河面进行防卫
资源	矿产、石油等	新兴城市的出现、带动城市的发展	带来经济效益、需要大量劳动力

五、城镇化与城市化

（1）城镇化的背景

在工业化进程中，城市化主要是通过农村劳动力不断流入城市实现的。发展中国家农村非农化与城市化实践过去与发达国家相比存在着明显的差异，最主要的特点是非农化不等于城市化，农业剩余劳动力不需进城，在农村办工业、第三产业，发展小城镇同样可以消化、吸收农村剩余劳动人口，因此，许多发展经济学家将研究的重点从农村剩余劳动力向城市转移，转向农村自身非农化与城镇化这一发展中国家城市化模式。农村非农化与城镇化的理论是自 20 世纪 80 年代以来，经济发展理论研究的重要领域之一。比较有代表性的是吉利斯等人的分散工业化理论与城镇化理论。

改革开放以来，我国强调"以小为主"的城镇化，发挥了其应有的作用，输送过相当的正能量。但在目前的新形势下，是继续沿用城镇化概念还是转而采用城市化概念，不仅是一个理论概念问题，同时还左右着城市化发展的方向和道路，关系到社会经济发展全局。田雪原、俞宪忠等认为，目前我国的城市化已步入"以大为主"的第二阶段，如果继续沿用城镇化概念便脱离了现实，不仅将会导致资源配置的浪费和长期的环境污染，也违背了农村人口的最优化理性选择。在科学合理发展中国农村经济，解决农村人口问题方面，可走新型城市化道路，提升国民素质，把县级城市作为中国城市化发展战略的根本空间选择和主要社会载体。

（2）城市化

城市化是农业人口转化为非农业人口、农村地域转换为城市地域、农业活动转化为非农业活动的过程，是社会经济发展的必然结果，是社会进步的体现，是一个国家社会经济发展的水平体现。是指人口和产业活动在空间上集聚、乡村地区转变为城市地区的过程。城市化的三大标志：劳动力从第一产业向第二、三产业转移；城市人口在总人口中比重上升（最主要标志）；城市用地规模扩大。

城市化的过程：

内部市区的城市化：①城心地区的城市化；②中间市区的城市化。

外围市区的城市化：①对外交通设施的延伸与城市化；②工业的扩展与城市化；③住宅的扩散与城市化。

郊区的城市化：①土地利用集约化；②产业结构的高级化；③城市网络化。

逆城市化阶段：逆城市化即由于交通拥挤、犯罪增长、污染严重等城市问题的压力日渐增大，城市人口开始向郊区乃至农村流动，在那里形成一个绿色的生态环境。市区出现"空心化逆城市化"，人口呈现负增长，以人口集中为主要特征的城市化由此发生逆转。进入 21 世纪，在城市化的同时，我国的一些中心城市，"逆城市化"的趋势也开始愈加明显，越来越多的城里人开始向往去郊区生活、居住。

社会经济的发展是城市化的主要动力，其中农业生产力的发展是城市兴起和成长的前提，工业化是城市化的主导力量，第三产业的形成和发展又促进了城市化，经济发展是城市化的内生决定性力量，人口与城市政策在一定程度上可以加速或延缓城市化进程。

（3）逆城市化与郊区化

与郊区化不同的是，逆城市化并不是指人口从城市中心向周围的郊区和农村地区的迁移，而是指人口从大城市区域向较小的城市和城镇的移动。"逆"并不是指城市人口的农村化，也不是指城市文明和生活方式的农村化，更不是指大城市人口向卫星城迁移的倾向。"逆城市化"不是城市化的方向运动，而是城市化发展的一个新阶段，是更高层次的城市化。

（4）当代中国的城市化特征

①有计划逐步发展，城市化进入快速发展阶段；

②乡村城市化开始显现；

③城市规模体系的动态变化加速，城市群和一批超大城市群正在形成；

④城市化的省际差异明显。

六、城市标准

（1）世界各国关于城镇标准的规定

由于各国生产力水平、人口数量、密度不同，各国城镇的划分标准也很不一致。如：

①按居民点达到一定的人口数作为城镇的标准；

②规定各级行政中心为城镇；

③规定首都或某几个居民点为城镇，其余为乡村；

④按居民点的人口数量及其非农业人口比例规定城镇标准；

⑤按居民点的人口数量及职业构成规定城镇标准。

（2）我国城镇建制的设置

中华人民共和国成立至 2019 年，设镇标准变动过 3 次。1984 年 11 月，民政部对原建制镇标准做了调整，新的建制标准规定：

①凡是县级地方国家机关所在地，均应设置镇的建制；

②总人口数在 2 万以上的乡，乡政府所在地非农业人口和自理口粮到集镇落户、务工、经商、办服务行业的人口合计超过 2000 人的，可以建镇；总人口在 2 万以上的乡，乡政府驻地上述两项人口占乡人口 10%以上，也可以建镇；

③少数民族地区、人口稀少的边远地区和山区，可以比照第二条适当放宽；

④小型矿区、物质集散地、风景旅游区、边境商埠口岸等地，非农业人口和自理口粮人口两项总数不足 2000 人，如确有必要，也可以设置镇的建制。

七、城市的地域结构模型及发展动力

（1）城市内部的地域结构模型

西方城市地域结构有同心圆学说、扇形学说、多核心学说，如图 2-1；不同地域结构模型的形成与特点，如表 2-3。我国古代城市规划体现了以皇权为中心的指导思想，在城市用地和功能分区上反映出严格的等级制度。西方城市地域结构对我国的城市规划建设，具有很好的指导意义。影响城市地域结构的因素很多，有行政、历史、经济、社会等，经济因素对城市功能分区的影响很大，主要通过地租与交通通达度产生影响。

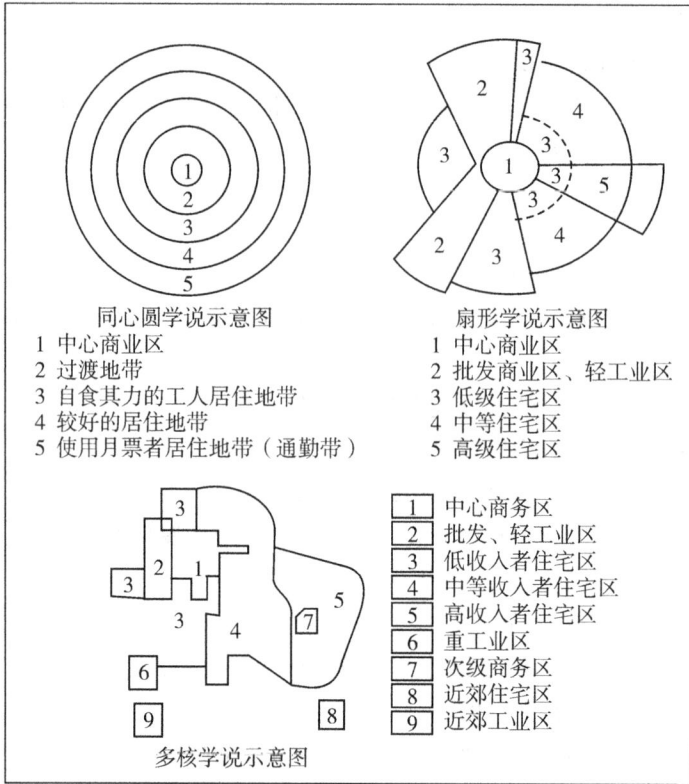

同心圆学说示意图
1 中心商业区
2 过渡地带
3 自食其力的工人居住地带
4 较好的居住地带
5 使用月票者居住地带（通勤带）

扇形学说示意图
1 中心商业区
2 批发商业区、轻工业区
3 低级住宅区
4 中等住宅区
5 高级住宅区

1 中心商务区
2 批发、轻工业区
3 低收入者住宅区
4 中等收入者住宅区
5 高收入者住宅区
6 重工业区
7 次级商务区
8 近郊住宅区
9 近郊工业区

多核学说示意图

图 2-1　城市内部地域结构模型图

表 2-3　　　　　　　　同心圆模型、扇形模型、多核模型的异同

模式	形　　成	共同特点
同心圆模型	单一核心向外拓展	1. 商业区位于城市中心处； 2. 高级住宅区和低级住宅区北向发展
扇形模型	交通线呈扇形、或楔形向外延伸	
多核模型	沿不同核心发展起来	

（2）城市地域结构发展动力

形成城市地域结构发展的动力包括：集聚力、离散力、摩擦力，三种力的循环相互作用。动力分两方面，即集聚力和离散力。集聚力就是向心力，驱使居民和某些部门向市中心集聚；离散力则是向相反方向，驱使其转向郊区。

①集聚力：促使大量的人流物流等生活生产资料及活动向城市聚集，主要由下面两方面原因引起的：第一，完善的基础服务设施是吸引人流物流向城市集聚的主

要原因，如便捷的交通，方便的生活生产资料来源等；第二，优越的社会条件是人流物流集聚的重要因素，如先进的科技水平、较高的人口素质、发展政策等。

②离散力：人流物流向郊区分散，首先是经济方面，如较高的生活生产成本；其次是社会条件方面，拥挤的交通、恶劣的生活生产环境等；郊区交通的便利、郊区基础服务设施逐渐完善、良好的生活生产环境、较低的生活生产成本，也是离散力起作用的驱动因素。

③摩擦力：是指阻碍产业、家庭产生集聚或扩散运动的力量。摩擦力的方向显然是阻止城市空间增长(或衰退)运动的方向。城市发展会遇到各种门槛，如自然地理条件、技术设施条件、城市结构和生态环境等。

第六节　旅游地理

一、旅游业的兴起与发展

(1)旅游与旅游业

旅游是指人们由于疗养、游览、商业、职业等目的，离开住所出外观光或游览的旅行活动。

旅游业指为旅游者自居住地到目的地再回到居住地的旅游活动全过程服务的全部相关企业的总和。通常被看作旅游活动三大要素之一的旅游媒介，直接为旅游活动提供便利条件和服务的综合性产业。它由旅行社、饭店、交通运输、观赏娱乐等行业复合而成。旅游活动涉及吃、住、行、游、购、娱各个方面，综合型是其显著特征之一，为它提供服务的行业也必然是综合性的行业。此外旅游活动的顺利进行还有赖于社会其他行业和部门的支持，因而这种综合性还渗透到行业以外，使旅游业呈现出较强的产业关联效应。旅游活动的本质和文化消费属性决定了旅游业不是生产实物形态产品的行业，而是以出售劳务为特征的服务性行业。旅游服务业能够吸纳较多就业人口，工资成本在全部运营成本中占较大比重，因此旅游业属于劳动密集型行业。

旅游地理学则指研究世界各国各地区旅游资源的类型、开发与保护，旅游业的发展、形成条件及其分布规律的科学。

(2)客源地与目的地

旅游客源地指产生游客的地域，即达到一定规模的比较集中的游客的来源地。客源地产生主要受以下因素影响：一是经济发展水平的高低和可支配收入的多少；二是闲暇时间的多少。区域经济发展水平越高，居民可支配收入越高，闲暇时间越多，形成旅游客源地的条件越充分；反之条件越不具备。客源地的分布也具有自身的特点，发达国家(地区)多于落后国家(地区)；城市多于乡村。

旅游目的地是指旅游吸引物比较集中，有旅游接待服务设施，具备旅游功能的区域。

旅游是旅客往返于客源地和目的地之间的地域过程，或者说是一种地域系统，该系统由旅游主体、客体、媒介三部分组成。旅游主体指旅游者；旅游客体指旅游景区景点、旅游游玩地点等旅游资源地；旅游媒介是沟通连接客源地与目的地的桥梁，如交通等基础服务设施、旅游业等。

（3）游客与旅行者

游客指任何为休闲、观光、度假、探亲访友、就医疗养、购物、参加会议或从事经济、文化、体育、宗教活动，离开常住国（或常住地）到其他国家（或地方），其连续停留不超过 12 个月，并且在其他国家（或地方）的主要目的不是通过所从事的活动获取报酬的人。游客不包括因工作和学习在两地有规律往返的人。

旅行者：指在两地间进行旅行的人。旅行者包括游客和非游客。

（4）旅游业对社会的影响

旅游和旅游业是现代社会发展的产物，客观存在的大规模发展又会反过来对社会生活的各个方面产生不同程度、不同效果的影响。

旅游业经济发展中的正面作用主要表现在：国际旅游能够增加接待地的外汇收入，平衡国际收支；国内旅游能够有效刺激国内消费，回笼货币；旅游业可以为接待地提供就业机会，促进基础设施的建设，提高当地居民的生活质量。此外，旅游业的发展还会刺激其他相关行业的发展，并为落后地区的经济发展提供新的机遇。

旅游业的发展给接待地带来负面影响：大量游客涌入，超出接待地承受能力，有可能对当地经济、社会、文化、环境造成巨大压力，从而引发各种问题。

（5）旅游流（旅游需求）

旅游流是旅游客源地和目的地相互作用的一种形式，旅游目的地和客源地由旅游流相互联系。旅游流预测研究主要是要发展一套在不同条件下适宜的预测模型。应用旅游流的预测模型主要可以分为：趋势外推模型、结构模型、仿真模型、定性模型等。

趋势外推模型假定历史数据的趋势将在未来一段时间内继续下去，并依历史资源推测未来形势。结构模型的建立依赖于旅游需求与一系列原因变量（如价格、收入、距离、人口等）之间关系的确定，引力模型属于此类。仿真模型是旅游需求预测中最复杂的一种方法，比较典型的仿真模型是由趋势外推模型和结构模型结合而成的一组更综合的系统方程，由于此模型对数据的时间系列和精度要求很高，目前较少应用。在定量模型无法解决问题时，应用定性模型，定性模型包括一系列不同的技术，其中最著名和应用最为广泛的定性预测模型是特尔菲法。

（6）旅游通道

旅游通道是为旅游者由居住地到旅游目的地的往返，以及在旅游目的地各种旅游活动而提供的设施和服务的整体。从地理学的角度讲,其研究主要是对可进入性的各种交通方式——航空交通、铁路交通、公路交通、水路交通、特种旅游交通之间的匹配研究;从交通连接的层次来讲,可分为:

第一层次:外部交通(从客源地到旅游地依托的中心城市);

第二层次:从中心城市——旅游地、风景区;

第三层次:内部交通(即旅游地、风景区内部的交通)。

(7)旅游环境容量

旅游环境容量又称"旅游生态容量",指对一个旅游点或旅游区环境不产生永久性破坏的前提下,其环境空间所能接纳的旅游者数量。一指自然环境容量,即物理和生态意义上的环境容量,旅游活动的强度应限制在其自然环境、生态系统不受破坏;旅游点规划的范围除了应设置水源保护区及生态红线范围以外,还应不受污染;即促进旅游景区环境的可持续发展。二指旅游的社会容量及感官容量,即旅游者的数量应在当地经济、交通、餐饮等服务设施所能容纳的范围,且不影响旅游者在旅游目的地开展旅游活动的兴致。

(8)旅游对区域环境的影响

旅游与环境存在独立、冲突、共生的关系。一是旅游对自然环境的影响,包括旅游对植物、水质量、大气质量的影响,旅游活动对植物、野生动物、水环境、大气环境的生态系统产生不同程度的干扰与迫害,多为负面影响。二是旅游对社会人文环境的影响,除了包括旅游与投资、经济收支平衡、社会就业、土地价格、基础设施、当地居民的影响,还包括对宗教、社会道德、语言文化、传统艺术及示范效应的影响。

(9)旅游规划

旅游规划是指从旅游资源的调查评价出发,依托规划区域的旅游资源及内外部条件,分析旅游环境容量、旅游者行为规律及需求要素、旅游地的演变规律的基础上,考虑区域经济现状、环境效益和社会效益,对区域的旅游业要素进行优化配置和对旅游业的未来发展进行的科学谋划。其实质是根据市场环境的变化情况和可持续发展的要求,根据旅游者需求与喜好,对与区域旅游业发展有关的生产要素进行科学合理的优化配置的方案。

二、旅游资源的分类

旅游资源包括自然界和人类社会中凡能对旅游者产生吸引力,可以为旅游业开发利用,并可产生经济效益、社会效益和环境效益的各种事物和因素。是指对旅游者具有吸引力的自然存在和历史文化遗产以及直接用于旅游目的的人工创造物。旅游资源的内容十分丰富,种类多样,其分类方法至今没有统一,存在多种说法。在我国,有关旅游资源分类中比较权威的有《旅游资源分类、调查与评价》(GB/T

18972—2003）及郭来喜、吴必虎等编写的《中国旅游资源分类系统与类型评价》。依照这两种分类方法，国内学者将旅游资源进行如下分类：地貌旅游资源、生态旅游资源、红色旅游资源、科技旅游资源、水体旅游资源、森林旅游资源、体育旅游资源、民俗旅游资源、创意旅游资源、民间信仰文化旅游资源、休闲旅游资源等。

按照旅游资源的基本属性分类是目前应用最为广泛的一种分类方法。该分类方法是依据旅游资源的性质，分为自然旅游资源与人文旅游资源，具体分类如下：

1. 自然旅游资源

自然旅游资源又称"自然风景旅游资源"，指凡能使人们产生美感或兴趣的，由各种地理环境或生物构成的自然景观的地域组合。其基本要素包括山、土、水、光、气候、植物、动物等。这些要素通过巧妙组合，构成千变万化的景观环境。旅游者通过感官，发挥联想，经过判断，产生美感，获得身心的愉悦。

①地质旅游资源：典型的地质构造、标准地层剖面、古生物化石点、自然灾害遗迹等。

②地貌旅游资源：观赏岩洞、名山风光、峡谷风光、峰林景观、丹霞景观、海蚀风光等。

③水体旅游资源：湖泊风光、河川风光、瀑布风光、明泉风光、风景河段、漂流河段、海滨风光等。

④气候气象旅游资源：避暑胜地、日出与日落、海市蜃楼、冰雪风景、树挂奇象、天象胜景等。

⑤生物旅游资源：森林风光、草原风光、古树名木、珍稀植物群落、特殊物候景象、野生动物栖居地、典型自然生态景观等。

2. 人文旅游资源

人文旅游资源是人类历史社会发展文化的结晶，是人类创造的，反映各时代、各民族政治、经济、文化和社会风俗民情状况，具有旅游功能的事物和因素。它既包含人类历史长河中遗留的精神与物质财富，也涵盖当今人类社会的各个侧面。根据《中国旅游资源普查规范》，它也分为三大类，即古迹与建筑类、休闲求知健身类(包括科教文化设施、疗养和福利设施、动物园、植物园、公园、体育场馆、游乐场所、节庆活动、文艺团体等)和购物类(包括市场与购物中心、著名店铺、地方产品等)。其一大特征是可根据旅游要素被人类有意识地挖掘或创造出来。开发者可根据或猜测或迎合旅游者的喜好，创造让旅游者精神得到满足，心情得到放松的旅游产品(项目)。如博物馆、游乐园、文化宫、文化节、戏剧节、电影节、艺术节、音乐节等。其分类如下。

①历史古迹旅游资源：古人类遗址、古陵墓、古建筑、古工程、历史文化名城等。

②宗教文化旅游资源：各类宗教建筑、宗教园林、宗教艺术、宗教文化现

象等。

③风土民情旅游资源：传统节日、民居服饰、美味佳肴、传统手工艺品、土特产品等。

④现代工程建筑旅游资源：地方标志建筑、现代城市风貌、水电工程、交通设施等。

⑤文化游乐旅游资源：游乐场所、狩猎所、体育保健、文化设施、动物园、植物园、博物馆、公园等。

三、地方特色商品旅游资源

旅游产品是指旅游者出游一次所获得的整个经历，是旅游经营者凭借旅游吸引物、旅游设施，向旅游者提供的用以满足旅游活动需求的全部服务，包括景观（吸引物）、设施、服务三个要素。而地方特色商品是旅游产品中的一部分，是指区域旅游业发展不可或缺的旅游资源，其不仅富含民族地域特色，更是与外界文化交流的重要窗口。地方特色商品既是地域自然环境的产物，也是文化积累和文化传播的结果，具有民族性与地方性的特点。对于区域旅游经济发展来说，地方特色商品虽不是旅游产品开发的全部，但却是主要的内容。因为其不仅可以提高旅游者的购物体验，提高当地旅游经济收益，更是宣传当地文化的重要载体。

（一）地方特色商品的特征

1. 地域性

地域性是地方特色商品开发与宣传的基础，其不仅受到当地自然环境的影响，而且也在一定程度上反映当地的自然环境。包括地方性土特产、地方传统纪念品及当地历史或建筑等题材的纪念性作品。

2. 民族性

民族性可以说是地方特色商品吸引游客的主要因素之一，具有浓郁民族特色的商品往往成为游客购物的首选。

3. 品牌性

品牌性是地方特色商品开发与管理过程中应当注意的问题，地方特色商品需要开发与挖掘，但不能由于品质问题而降低旅游者的购物体验。为地方特色商品打造品牌，是维护地方文化与信誉的重要途径，是地方特色旅游商品民族性与地域性保持与继承的关键。建立地方特色商品品牌，打击严禁伪特产生产销售是地方特色商品可持续发展的必要手段。

4. 艺术性

艺术性是指地方特色商品具有独特创意与美好的外观。为保持地方特色商品特有的艺术性，商品外形、图案、色彩、文字等多取材于自当地特色文化。艺术性不仅使地方特色商品给旅游购物者美的感受，更提高了商品的欣赏与收藏价值。

5. 纪念性

地方特色商品纪念性的达成关键在于旅游购物者消费行为的完成，主要在于商品具地域性、民族性、艺术性与品牌性。具有纪念价值的地方特色商品能提起旅游购物者的美好回忆，具有隐形宣传价值。

6. 实用性

实用性是指地方特色商品能在生活上物有所用，如艺术装饰、玩赏、馈赠、收藏、日常生活之用等。其在一定程度上提高商品的用途，加深旅游购物者对旅游地的印象。

(二)地方特色商品的分类

1. 饮食物品

包括：饭菜品、点心小吃、饮品。

2. 土特产品

包括：农副产品、畜禽水产与制品、中草药与制品。

3. 工艺美术品

包括：雕塑工艺品、花画工艺品、编织工艺品、染织工艺品、漆器工艺品、珠宝工艺品、金属工艺品、其他工艺美术品。

4. 日用工业品

指具有民族与地域特色的一定品牌的日用工业品。

5. 其他物品

包括：文物古董(包括仿、复制品)、传统文化用品、特色艺术品。

(三)地方特色商品开发的意义

首先，地方特色商品是一个地方或民族代表性的物质与文化商品，是区域或民族文化传承与宣传的载体与窗口。

其次，地方特色商品的设计、打造与包装扩大了当地旅游经济发展的空间，提高当地旅游产业对投资者的吸引力，提高旅游经济收益。

再次，地方特色商品的生产为当地提供更多的就业岗位，对拉动当地经济发展有一定的积极意义。

最后，地方特色商品是当地旅游产品的重要内容，其不仅可以提高游客到当地旅游的可能性，更能带动当地其他旅游产品的发展。

四、旅游资源评价

旅游资源评价是旅游开发中最为重要的部分，指按照某些标准来确定某一旅游资源在全部旅游资源或同类旅游资源中的地位，也就是从纵向和横向两方面对旅游资源进行比较，以确定某一旅游资源的重要程度和开发价值。可分为体验型评价、技术性评价和综合性评价。其中体验型评价包括一般体验评价和美感质量评价；技术性评价是根据国家制定的相应技术标准对不同类型的旅游资源进行评价。综合性评价指选取多项因子对旅游资源进行全面评价。评价中需要解决的主要问题是如何建立评价模型，如何根据评价模型客观合理地确定权重。

一般情况下，旅游资源评价方法主要有定性评价、定量评价两大类型。不管采用哪种评价方法，均需要遵循以下原则：实事求是，符合客观实际；从整体联系的角度看待评价对象，做到系统全面；注重过程，讲究科学性；定性与定量相结合，以定量为主；用动态发展的观点看待评价对象。

（1）定性评价

定性评价是评价者根据自己的知识、经验和直觉判断，在对旅游资源进行详实的调查了解后，采用描述的方式对旅游资源进行评价。其优点在于可以从宏观上把握与了解具体资源的特色，工作量较小，操作性较强。但存在主观性强，说服力度不够等缺点。如可从旅游资源本身的特性——是否具有"古、特、奇、美、名、用"等特点对其进行评价。较为典型的定性评价方法有以下四种。

①"三三六"评价法

该方法是北京师范大学卢云亭教授提出，包括"三大价值、三大效益、六大条件构建"的评价体系。其中"三大价值"指旅游资源的历史文化价值、艺术观赏价值、科学考察价值；"三大效益"指旅游资源开发后的经济效益、社会效益和环境效益；"六大条件"指旅游资源所在地的地理位置和交通条件、景物和景观类型的地域组合条件、旅游环境容量、旅游客源市场、旅游开发投资条件和施工难易程度。

②"六字七标准"评价法

该方法是上海社会科学院黄辉实提出，其评价体系由两方面构成：旅游资源本身和旅游资源所处环境。其中"六字"指美、古、名、特、奇、用。美是指旅游资源给人的美感；古是指旅游资源具有悠久历史；名是指具有民生的事务和与名人有关的事物；特是指特有的、稀缺的、有特色的；奇是指给人新奇感；用是指具有实际开发价值。"七标准"指旅游资源所处环境利用季节性、环境的质量、可进入性、基础机构、社会经济、客源市场环境等。

（2）定量评价

旅游资源定量评价是采用某种确定的评价模式，通过对所收集到的有关数据进行加工和计算，以此来对旅游资源进行量化的评价。定量评价与定性评价相比，结果更具直观性与说服力，表达更加准确。但有一定的操作难度，较耗时费力，需要具备对资料进行量化和对数据进行加工与计算的能力。

在这里以层次分析法为例，层次分析法在旅游资源综合评价中应用较广泛，具体步骤如下：

①因素分解和确定层次结构

影响旅游综合评价的因素较多，评价者首先需要对各因素进行全面的调查与了解，在对资料进行分析的基础上，明确主要的影响因素和主要项目、内容；再将因素进行分类、分组，根据其内在的关系排列为若干层次和方面，建立合理的评价层次结构模型。

②选择评价指标，构建判断矩阵，确定权重

对层次结构中的每一因素，均要选择恰当的评价指标或参数，具体要视不同的内容和要求而定。然后根据判断矩阵，通过分析与计算得出各层次指标的相对重要性，确定权重。

③结果处理

最后利用得出的各个层次各项指标的权重值，对旅游资源进行分项打分。利用如下公式计算，得出最终的综合结果。

$$E = \sum_{i=1}^{n} O_i P_i$$

式中，E 为旅游地综合评估结果值；O_i 为第 i 个评价因子的权重；P_i 为第 i 个评价因子的评价值；n 为评价因子的数目。

第三章　野外工作方法及报告写作注意事项

人文地理学野外调查工作的目的之一是为了收集野外数据资料。人文地理学的野外数据收集方法与自然地理学有很大的不同，这是由于人文地理学的研究对象是社会人文现象，且社会人文现象的时间稳定性、空间固定性较之自然环境弱，因此把握反映人文地理现象本质的数据资料，是人文经济地理学野外能力训练的重要方面。

第一节　问卷调查

问卷调查方法是人文社会科学研究者在野外获取资料的重要方法之一，人文经济地理学野外工作经常采用此方法。问卷调查方法是指调查者通过统一设计的问卷向被调查者了解情况、征询意见的一种资料收集方法。

一、问卷分类

有一种是封闭式问卷，该类问卷由调查者设计好，然后由被调查者自填，或由调查者通过被调查者后期帮助填写，后一种填写形式在野外常用，这样可以提高工作效率、提高填写准确性。还有一种问卷是半开放式的，问卷中有大致的问题指向，但没有具体的回答分类项。被调查者可以根据自己的认识和经验回答问题。

二、问卷设计

问卷基本要求和技巧通常包括以下几项。

(一) 问卷标题

问卷标题应向被调查者简明扼要地展示调查内容。

(二) 被调查者权益保护的简单说明

包括调查者身份的展示，以确定可信度；还包括调查数据的使用目的，调查数据使用对被调查者隐私的保护。

（三）被调查者的属性

被调查者属性通常包括：性别、年龄、职业、受教育程度、收入等。但是对于人文经济地理学研究来说，需要有意刻画这些被调查者空间属性的调查项，例如居住地、工作地或其他人文经济活动的空间属性项。

被调查者属性数据对后期数据分析起到两个作用：其一是标识被调查者与抽样方法规定的结构的关系，例如，被调查者属于分层抽样方法中规定的哪一层；其二是研究被调查者与调查项之间的关系。

（四）问卷核心调查项

根据研究设计的技术路线，确定调查主要问题类型。例如，影响旅游空间行为的因素包括社会经济因素和个人因素两类，又可将两类具体化为调查项。例如，经济因素可以分解为价格因素（收入、消费）、交通距离因素等；个人因素可以分解为时间情况、旅游喜好、消费习惯、宗教禁忌等。

调查项需要注意的问题：

①调查项具有人群区分度，而不是所有的调查项指向一个结果；

②调查项彼此不重叠、不矛盾；

③文字表达通俗易懂，简明准确、缓和友好。切记不用被调查者不熟悉的学术术语，也不问蔑视、歧视、敏感的问题。

三、问卷实施的抽样方法

抽样的优点是如果抽样合理，既可以保证调查的精度，又可以节约时间和经费。调查整个总体所花的时间，会比一次抽样研究多得多。

抽样调查胜过总体调查的另一可能的优点是，抽样可能取得较大的回答率，一般说也能获得回答者的积极合作，从而使调查结果更为准确。

以下介绍抽样的种类：

①简单随机抽样

简单随机抽样，是最基本的抽样方法。分为重复抽样和不重复抽样。在重复抽样中，每次抽中的单位或个人仍放回总体，样本中的单位或个人可能不止一次被抽中。不重复抽样中，抽中的单位或个人不再放回总体，样本中的单位只能抽中一次。社会调查采用不重复抽样，如某景区游客信息调查则采用不重复抽样调查。

②系统抽样

系统抽样也称为"等距抽样"，即将抽样单元排成一圈，随机确定一个起点作为入样单元，以后每隔相等的间隔抽样一个单元。如调查区域居民的经济生活状况，可以以家庭为调查对象，每间隔或依托家庭为单位。

③分层抽样

分层抽样是将总体中的单元分成大小不等、互不重叠的子总体 $N_i(i=1, 2\cdots, L)$，每个子总体称为层。然后在每个层中独立地进行抽样，这种抽样称为分层抽样，所得的样本称为分层样本。若每个层中的抽样是简单随机的，则称为分层简单抽样。分层抽样也称为类型抽样，因为实际调查时常常按照调查对象的不同类型进行分层。

分层抽样是一种常用的抽样技术，以下情况可考虑采用分层抽样方法：在调查中需要了解局部的数据即对局部的目标进行估计，如全国调查时，需要知道沿海地区、中部地区、西部地区的结果；样本更有代表性，因为每层中都有样本，所以总样本的均匀性更好；人员、数据收集、汇总和处理可分层进行，使最后综合起来更简便、更快捷；对不同层可以采用不同的抽样方法，如一些层采用简单随机抽样，另一些用整群抽样；可提高估计量的精度，这也是采用分层抽样的最主要的目的之一。

④整群抽样

设总体由 N 个大单元(初级单元)组成，第 I 个初级单元又分为 M_i 个小单元，称为次级单元或二级单元。首先从总体中按某种方式抽样 n 个初级单元，然后观测每个初级单元中所包含的所有次级单元。这种抽样称为整体抽样。更确切地说称为单级整群抽样。如对一个县的农户进行调查时，可将村看作初级单元，首先从这个县中抽取若干个村，然后对抽中村中的每一户逐个进行调查。

⑤多阶抽样

在整群抽样中，若每个初级单元中的次级单元比较相似，则整群抽样的效率就会大大降低，这时只要对初级单元中的一部分次级单元进行调查即可。也就是说需要在每个初级单元中再进行一次抽样，这种抽样称为二阶抽样，也叫二级抽样。如果次级单元还能分解成更小的次级单元，那么上述过程可运用到每个次级单元中去，此时成为三阶抽样(或三级抽样)，同样可以定义为多阶抽样。

多阶抽样中既保证了整群抽样样本的相对集中，从而实施方便，节省费用又提高效率，因此它的实际应用很广。特别是抽样单元直接采用各级行政单位时，如全国抽查、省中抽市、市中抽县、县中抽乡、乡中抽村、村中抽户，这样抽样调查的组织管理十分方便。

以上为五种基本的抽样方法，但实际调查时的抽样方案应该是五种方法的某种结合，但不管怎样设计抽样方案，都应遵循三个原则：精度、准确度要保证；要尽量节省调查经费；调查的实施应方便。

第二节 访 谈 法

访谈法也称为"访问调查法"，就是访问者通过口头交谈等方式直接向被访问者了解社会情况或探讨社会问题的调查方法。

访谈的类型与技巧

以访谈的深度划分的有一般性访谈和深度访谈。实际运用的访谈法可能会具有不同分类的组合属性，例如，深度访谈同时也是非标准化的、个体的访谈。

一、标准化访谈和非标准化访谈

以访问调查内容可划分为标准化访谈和非标准化访谈。

(一) 标准化访谈

标准化访谈也称"结构性访谈"，就是按照统计设计的、有一定结构的问卷所进行的访问。优点是便于访问结果进行统计和定量分析，便于对不同访问者的回答进行比较研究。但是，这种访谈方式缺乏弹性，难以灵活反映复杂多变的社会现象，难以对社会问题进行深入探讨，同时也不利于充分发挥访谈者与被访谈者的积极性与主动性。

(二) 非标准化访谈

非标准化访谈也称为"非结构性访谈"，就是按照一定的调查目的和一个粗略的调查提纲进行的访问。这种访问对访问对象的选择和访谈中所要询问的问题有一个基本要求，但可根据访谈的实际情况作必要的调整。非标准化访谈有利于充分发挥访问者和被访问者的主动性和创造性。有利于适应多变的客观情况，有利于调查原设计方案中没有考虑到的新情况和新问题，更有利于对社会问题进行深入的探讨。但是这种方法对访问者的要求较高，对访问调查的结果难以进行定量分析。

二、直接访谈和间接访谈

按访谈调查方式可划分为直接访谈和间接访谈。

(一) 直接访谈

直接访谈即访问者与被访问者进行面对面的访谈。该访谈方式又可分为"走出去"和"请进来"。"走出去"就是访问者走到被访问者中间去，就地进行访问；"请进来"就是把被访问者请到访问者安排的地方来，然后再进行访问。

(二) 间接访谈

间接访谈，就是访问者通过打电话、网络对话、发放书面或网络问卷等中介形式对被访问者进行访问。传统的电话访问就是按照样本名单，选择一个调查者，询问一系列的问题。

三、个体访谈和集体访谈

按访谈对象人数可划分为个体访谈和集体访谈。

(一) 个体访谈

个体访谈是调查者面对一个被调查者开展的访谈形式。

个体访谈的技巧如下：

1. 选择合适的方式接近被访问者

(1)自然接近，即在某种共同活动过程中接近对方。这种接近方式，是访问者有心，被访问者无意，它有利于消除对方的紧张、戒备心理，有利于在对方不知不觉中了解到许多情况。

(2)求同接近，即在寻求与被访问者的共同语言中接近对方。

(3)友好接近，即从关怀、帮助被访问者入手来联络感情、建立信任。

2. 讲究提问技巧

访谈过程中提出的问题可以分为两类，实质性问题和功能性问题。实质性问题是为了掌握访问调查所要了解的情况而提出的问题。功能性问题则指访谈过程中为了对被访问者施加某种影响而提出的问题，可分为四类。(1)接触性问题。提出这些问题的目的，不是了解这些问题本身，而是为了比较自然地接触被访问者。(2)试探性问题。提出这些问题是为了试探一下访谈对象和时间的选择是否恰当，以便决定访谈是否进行与如何进行。(3)过渡性问题。提高访谈过程的连贯性和自然性。(4)检验性问题。提出一个问题的目的，是为了检验前一个问题的回答是否真实可靠。

3. 边听边思考

访谈过程中应提高访谈效率，学会聆听与思考极为重要。

(1)接收和捕获信息。认真听取被访问者的口头回答，积极主动捕捉一切有用的信息，包括信息语言与非信息语言。

(2)理解与处理信息，对信息正确理解，做出判断与评价，舍弃无用的信息。

4. 正确的引导与追询

访谈过程除了提出问题和听取回答外，还需学会对访问者正确的引导和追询。当被访问者对所提的问题理解不正确或答非所问，或顾虑重重、吞吞吐吐、欲言又止，或滔滔不绝、口若悬河、漫无边际等时，需要对被访问者正确地引导与追询。用恰当、适当的方式回归主题，追问未完成的调查。

5. 注意访谈结束礼数

访谈结束应注意两个问题：一是适可而止，每次访谈时间不宜过长，问题不宜设置过多，30 分钟左右即可，特殊情况则灵活掌握；二是善始善终，在访谈结束时表示感谢和友谊，为以后再次调查做好铺垫。如果还需进行下次访问，应约好时间地点和主要内容，以便对方做好准备。

个体访谈方式适用于各种调查对象，访谈中避免其他人干扰；但有一定的主观性，不能彻底匿名，有些问题不宜当面询问；访问的材料需要进一步查证核实。

(二) 集体访谈

集体访谈法即开调查会，就是调查者邀请若干被调查者，通过集体座谈的方式了解调查的内容与主题。集体访谈工作效率较个体访谈高，适用于文化程度较低的调查对象，有利于与被调查者交流思想和感情，也有利于访谈者对访谈过程进行指导与控制等，但是无法完全排除被调查者之间社会心理因素的影响，有些问题也不宜集体访谈，且占用的时间较多。

1. 集体访谈的实施步骤

(1)明确会议主题；(2)准备调查提纲；(3)确定会议规模；(4)物色到会人员；(5)选好会议的场所和时间。

2. 访谈过程中的指导与控制

(1)打破短暂沉默；(2)创造良好气氛；(3)开展民主、平等的对话；(4)把握会议主题；(5)做好被调查者之间的协调工作；(6)做好会议记录；(7)及时结束会议。

3. 做好访谈后的工作

(1)及时整理会议记录；(2)回顾会议的情况；(3)查证有关事实和数据；(4)做必要的补充调查。

第三节 研究报告的写法

研究报告是调查实习成果反馈的主要形式之一。通过研究报告的撰写可以更好地对调查实习内容进行总结与思考，提高对人文经济现象的分析与判断能力。在此，简单介绍研究报告的标题、主要内容、正文三部分写作的基本规范。

一、标题

标题可以有两种写法。

规范化的标题格式，基本格式为"××关于×××的调查报告""关于×××的调查报告""×××调查""调查报告"等形式。

自由式标题，包括陈述式、提问式和正副题结合使用三种。陈述式如《山区旅游开发及发展状况调查》；提问式如《为什么钦州市本地居民喜食甜食》；正副标题结合式，正题陈述调查报告的主要结论或提出中心问题，副题标明调查的对象、范围、问题，如《钦州市书院文化源远流长——大朗书院历史文化调查》等。

二、主要内容

主要内容包括六个方面：调查时间、调查地点、调查人、调查对象、调查方法、调查结论。其中调查时间指开展具体调查的具体时间(年月日时)；调查地点指开展调查的具体地点范围；调查人指开展调查的人员；调查对象指接受调查人员，必要时可具体到接受调查人员的性别、年龄、民族、职业、学历等信息。

三、报告正文

报告正文一般分前言、主体、结尾三部分。

(一)前言

前沿通常有以下三种写法：写法一：写明调查的起因或目的、时间和地点、对象或范围、经过与方法，以及人员组成等调查本身的情况，从而引出中心问题或基本结论；写法二：写明调查对象的历史背景、大致发展经过、现实状况、主要成绩、突出问题等基本情况，进而提出中心问题或主要观点；写法三：开门见山，直接概括出调查的结果，如肯定做法、指出问题、提示影响、说明中心内容等。前言起到画龙点睛的作用，要精练概括，直切主题。

(二)主体

这是调查报告最主要的部分，这部分详述调查研究的基本情况、做法、经验，以及分析调查研究材料中得出的各种具体认识、观点和基本结论。

(三)结尾

结尾的写法比较多，可以提出解决问题的方法、对策或下一步改进工作的建议；或总结全文的主要观点，进一步深化主题；或提出问题，引发人们的进一步思考；或展望前景，发出鼓舞和号召。

第四章 部分实习点介绍

在地理学中，景观是指地球表面各种地理现象的综合体。地理现象可分为自然地理现象和人文地理现象，因此景观也可分为自然景观和人文景观。自然景观是指各种自然现象的综合体。人文景观，亦称文化景观是指在自然景观的基础上所叠加的人类文化产品。而大多数的景观中，既包含自然景观，也有人文景观。因此在介绍实习点时，是以实习点主要呈现的形式进行归类。由于自然景观实习点的自然地理学知识介绍与讲解在其他分册中已有阐述，在该册中主要从人文地理学的角度去学习自然景观中的人文现象，并重点分析人文景观。

第一节 钦州市实习点介绍

一、自然景观

(一) 五皇山

五皇山是由 9 个平均海拔 700 米的主峰组成，分人头石、妹追寨、石祖岭三个相对独立的景域。现在已经开发了全国最大的连片天然红椎林(12 万亩)、牧场茶园、杜鹃园、山村梯田、沟谷瀑布、花岗岩奇石等一批让人流连忘返的自然景点。

1. 历史文化

传说当年武则天登位时，深感阳气不足，听说南方有座长着双阳石的神山，朝拜山上的那两根巨阳石，可以增添阳刚之气，治理国家就可得心应手。于是武则天便千里迢迢地来此朝圣这两根巨阳石(南阳石和北阳石)，从此，人们就把这条山脉称为武皇山，后来又先后有四位皇帝相继到武皇山朝圣，后人便把武皇山改叫五皇山。此外，也有传说古时候山上居住着 5 位身穿黄衣裳的仙人，故名五皇山，图 4-1 为五皇山南门。

2. 民族风情

景区中的花石新村是集客家文化、养生休闲、农业特色等于一体的客家风情新农村。客家广场是客家人共跳神奇傩舞的地方。每年农历八月至十月香蕉收获的季节，客家人都会以神社为单位，陆陆续续过"岭头狂欢节"。在岭头节这一天，客

图 4-1　五皇山南门

家人就会到当地的神社设坛烧香，唱社戏，跳傩舞，舞青龙（用芭蕉叶、蜡烛等做成），宴请亲朋好友和天上的神仙来共同庆祝丰收，感谢上天神明的庇佑，祈求神灵帮助驱邪捉妖，祈求来年继续风调雨顺、五谷丰登、平安幸福。

3. 经济发展

五皇山旅游风景区位于广西钦州浦北县境内，坐落于龙门镇、北通镇、大成镇、白石水镇、张黄镇五个镇的交界处，景区规划面积 40 平方公里，距浦北县城 30 公里，钦州 135 公里，北海 110 公里。浦北通过将特色农产品进行包装，为旅游经济的发展增添了新亮点，如红椎菌、官垌鱼、大红八角、剑麻、香蕉、荔枝等。

在五皇山山顶，可以看到条带状的聚落分布形态。居民顺着山间谷地绵延分布，这是典型的山区聚落分布形态，如图 4-2 所示。在山区，受地形的影响，人们偏向于在势较平坦的谷底生活，这不仅有利于生产生活，更方便与外界沟通。但由于地形狭窄，人们只能在有限的区域范围内，沿着谷底布局生产生活场所。这也是山区经济发展受到影响的重要因素之一。

图 4-2　河流谷底的线状聚落形态

(二)三娘湾

1. 历史文化

在三娘湾旅游景区内，临海而居的是有着千年历史的三娘湾渔村和乌雷渔村的村民。勤劳质朴、勇敢无畏是当地的文化特点。有关三娘湾的神话传说，当地流传着众多版本，诸如三娘爱情故事、海母石(图4-3)的舍身故事等。这些传说都不同侧面地反映了三娘湾居民勇敢无畏的精神。其中三娘爱情故事是流传最广的传说，最初三娘湾只有苏、杨、李姓三个青年小伙子居住，他们共用一条船、一张网，共住一个舱，生活逐渐富裕起来，并建起了房子。一天，三位仙女下凡人间，看到这独特亮丽的人间海湾和三个勤劳貌美的小伙子，便决定留下来与他们结为夫妻。玉帝得知，允许她们在凡间住三年。三年间他们过着幸福美满的生活，丈夫出海打鱼，妻子在家织网，夫妻恩爱，生下子女。三年后，玉帝不见仙女回来，大怒之下，掀起狂风巨浪，将正在打鱼的三个小伙子吞没。三位娘子在岸边并排站立，顶着狂风巨浪，等候丈夫几天几夜，最终化成三柱并排的花岗岩石——三娘石，图4-4。三位姑娘从此成了当地人民忠贞、勤劳、勇敢的象征。为此，历代渔民及来往人们都捧来鲜花香烛敬献三娘石。在逢年过节、出海前当地渔民常常会来烧香祭拜，祈求身体健康、平安吉祥，常年香火不断。

图4-3 海母石

图4-4 三娘石

乌雷伏波庙(乌雷岭)位于三娘湾渔村西面约3公里处，是人们为纪念东汉伏波将军马援的恩德建造的。清康熙十四年(1675)、嘉庆元年(1796)、道光八年(1828)、"民国"十二年(1933)、1992年、2001年都曾修葺或扩建。庙宇内有44座雕像，其中伏波将军马援的塑像七尺高，十分引人注目，占地1625平方米，建筑面积近600平方米。庙门书有"功高东汉，德庇南天"等对联。

2. 渔家民族风情

三娘湾海域是广阔富饶的渔场，在漫长的海上渔业生活中，人们的衣、食、住、行及节庆、婚俗、劳作等,都保留着浓浓的渔家风情,海鲜粥、鱼干、海鲜酱、烤生蚝等都是当地的美味。独特而淳朴的渔村风情和丰富多彩的渔家生活吸引着国内外的众多游客。

此外,三娘湾旅游区是著名电影《海霞》的外景拍摄地,直到现在的三娘湾还居住着海霞的后代。海霞是 60 年代初东南沿海的海岛女民兵,过着亦渔亦武、保家卫国的战斗生活。她的勇敢、坚强与爱憎分明一直影响着子孙后代。

3. 经济发展

三娘湾位于广西钦州市东南部,历史悠久,以名优海产、白海豚、海潮闻名。2003 年 6 月,钦州市委、市政府将三娘湾旅游区作为钦州市旅游业发展的龙头景区进行重点开发建设。村民们积极配合政府工作,景区得到了快速发展。2004 年,根据《广西海岸线利用规划》《钦州港总体规划》《广西钦州三娘湾旅游区旅游资源开发与自然生态环境保护规划》以及临海工业园区规划等相关规划,建立三娘湾旅游管理区,其范围东起曾子村、流水沟,西以麻兰岛、大环半岛为界,滨海公路以南所围合的陆地区域及相应的海域(包括大庙墩、乌雷两个岛屿),旅游区陆地面积 1219.7 公顷。辖三娘湾、乌雷岭、大环三个村委。管理国家 4A 级景区三娘湾景区,辖区总面积 21 平方公里,2006 年三娘湾景区被评为 4A 级景区,三娘湾村被评为"全国小康明星村"。

三娘湾景区不仅以拥有珍贵的中华白海豚而著称,而且还以神奇的礁石、壮丽的大潮而闻名。一年一度的大潮来临时,浪拍奇石,涛声惊天。钦州政府充分利用海潮资源每年举行三娘湾观潮节,每年都有大量游客亲临观赏这一奇观。三娘湾大潮素有"后潮叠前潮,大潮叠细潮"之潮中潮的天下美景,被游客称赞为钱塘江姐妹潮。

此外,三娘湾景区中华白海豚骄人的魅力获得了国内外无数游客的喜爱。钦州政府每年都举行三娘湾国际海豚节。三娘湾白海豚观光游自 2004 年发展以来,景区的硬件设施、服务体系、经济和社会效益都有了大幅度的提升。目前已形成以滨海旅游和中华白海豚观光游为主打产品的旅游特色,拥有了较为完善的旅游基础设施和配套服务体系,图 4-5 为三娘湾白海豚雕像。但相较国外较为成熟的赏鲸产业,三娘湾的白海豚观光游的管理水平、行业规范还有较大的提升空间,观光游的经济效益和社会效益还有较大的发掘潜力。

(三)六峰山

六峰山位于钦州灵山县灵城街道内,主要由龙头峰、凤尾峰、龟背峰、鹤立峰、宝障峰、冲霄峰等六个山峰组成,总面积 540000 平方米。六峰山最高海拔 343 米,属灵山诸景之首。山内有北帝庙、观音阁、大雄宝殿、大佛堂、三清宫、三海岩、龙船岩、恩胜岩、穿镜岩、燕子岩、风雨桥、灵岩初地坊、六峰宝山坊、"西灵记"、观音石刻、仙人井、仙人鞋、观峰门、龙隐洞、八仙渡、黄华书室、

图 4-5 三娘湾——白海豚之乡

六秀书院、鲤鱼过龙门、揽月亭、二炮台、怀海廊、孙中山广场、翠竹宛等景观景点。六峰山因内有一峰叫龟背峰，而龟为灵物，故古称六峰山为"西灵山"（图 4-6）（人们称之为宝山），"灵山县"也由此得名。古人又称六峰山为"半巫山"，有诗赋："相连直上巫山半，却胜巫山十二重。"宋朝开发至今一直被视为"人寰胜地"。六峰山不仅有着典型喀斯特地貌类型的自然景观资源，也有佛教道教等丰富的人文景观资源。

图 4-6 西灵名山记碑

1. 宗教文化

（1）道教

要说六峰山的道教建筑，非北帝庙莫属。北帝庙建于明朝正德五年，是闻名遐迩的道教庙宇之一（图 4-7）。关于北帝脚下踏着一龟一蛇的说法，有两种传说。一是说玉帝有三魂六魄，其三魂六魄精华则化成北帝，受三清司管。当地百姓认为北帝常在六峰山不吃供果供品，只食香火，饮清泉（北帝庙临近仙人井）。灵山百姓乃至东南亚一带的香客供奉香火终年不断，特别是过年过节，香火更旺。另一传说

图 4-7 北帝庙——元辰殿

是，北帝未成仙之前，曾在武当山修炼，始终没有得道。但他坚持修炼，终于感动神灵，授他妙计并助他成功——让北帝摘下五脏六腑，用仙带填入，即得金身成仙。北帝将自己的五脏六腑摘下后埋于一大石下，不料千日之后，五脏六腑竟化作龟蛇两妖，分别擅于水火，下凡危害百姓。百姓处于水深火热之中，只好祈求北帝显灵解难，起初北帝不知妖怪来由，为除妖下到凡间，将两妖擒住，才发现妖怪乃自己内脏所化，又念其修炼不易，不忍将其毁掉，于是收为手下，但又恐其溜走，就用脚踩住，这就是北帝脚踏龟蛇的传说。

（2）佛教

观音阁也是六峰山又一特色景点。据记载，明朝嘉靖二十五年（1546），灵山县教谕吴升，将他在江西任教所得的唐朝名画家吴道子的女身与圆光观音勾线像拓片（图 4-8、图 4-9），临摹题词刻碑，由其门生和六峰山三清宫主持建成此阁。每年的观音诞，远道而来的香客纷纷登山跪拜，香火不断。

图 4-8 观音阁

图 4-9 六峰山仿刻吴道子观音画像文物点标志牌

69

2. 摩崖石刻

六峰山现存的摩崖石刻就有三百多幅（图 4-10）。年代上至北宋，下至民国。形式有题名、题记、诗赋、告示、禁约、墓志、地券、对联、捐资列名等。内容涉及政治、经济、军事、文化等方面，是研究社会历史的珍贵文物。其中，摩崖石刻最多的地方是六峰山的三海岩，数量达到 150 多幅，均刻于洞府石壁上，皆是历代名人雅士精心杰作，具有较高的艺术水平和历史价值。

图 4-10　摩崖石刻之一

二、人文景观

钦州历史源远流长，可追溯至新石器时代，是一座有 1400 多年历史的岭南古城。在人文景观方面，钦州市散发着独特的魅力，吸引着人们不断探寻的脚步。先秦时期，钦州属百越之地。秦始皇统一中国后，归属秦设象郡所辖。汉、三国至晋，钦州属交州合浦郡，南朝末元嘉设末寿郡，这是钦州最早的建制。隋开皇十八年（598）易名钦州，取"钦顺之义"，此为钦州的最早得名。后数度更名，中华人民共和国成立后，钦州先后属广东省钦廉专区、广西壮族自治区钦州专区、广东省钦州专区、广东省合浦专区、湛江专区、广西壮族自治区钦州专区。1994 年 6 月 28日，经国务院批准，撤销钦州地区，设立钦州地级市。

（一）语言、民族与宗教

钦州市世居民族有汉族和壮族，语言主要是汉语和壮语。汉族聚居的农村多使用汉语的粤语方言和客家方言，少量使用汉语北方方言的"钦州正"和闽南方言的福建话。壮族聚居的农村主要使用壮语，多数人还掌握汉语粤方言和客家方言。城镇一般使用粤语（白话）交流，由于普通话的推广和外来人口逐渐增多，学生在学校使用普通话，青少年在公共场所使用普通话交流也逐渐增多。

在常住人口中，除世居民族(汉族和壮族)外，还有瑶、苗、京、侗等21个民族。2017年，全市少数民族人口约41.3万，占总人口的10.24%，其中壮族人口40.6万，占总人口的10.06%。全市有壮族聚居自然村943个，分布在钦南区、钦北区、灵山县等地。壮族人口占50%以上的有钦北区大直、贵台、大寺、那蒙、新棠和钦南区黄屋屯6个镇。

钦州市有佛教、道教、天主教、基督教4种宗教。经政府批准宗教合法场所32处，教职人员39人，信教群众有23万多人，分布在主城区、钦南区、钦北区、灵山县、浦北县。有5个市级宗教团体：市佛教协会、市天主教爱国会、市天主教教务委员会、市基督教"三自"爱国运动委员会与市基督教协会。另外，钦州市宗教性场所至今依然发挥着宗教执事作用。钦州天主教堂位于钦南区攀桂路89号(图4-11、图4-12)。经过历史的洗礼，钦州天主教堂建筑显得格外普通，但依然是钦州天主教徒进行宗教仪式的场所。

图4-11 钦州天主教堂侧面

图4-12 钦州天主教堂正门

(二)文化游乐

钦州港位于北部湾湾顶钦州湾内，属钦南区内的钦州港经济开发区，管辖面积约152平方公里，分为金谷工业园和金光工业园。钦州港区管辖7个社区(不设乡镇建制)，常住人口9万，流动人口8万左右。

1. 历史文化

钦州港是中国古代海上丝绸之路的重要港口。公元前213年，秦统一中国后，军队从中原越过五岭，沿南流江而下，抵达合浦港，在向西过大观港、从乌雷到达交趾过程中，走的就是钦州港外的水域。汉元鼎六年(前111)，汉武帝以合浦港等地为起点与东南亚及南亚各国开展大规模的官方海上贸易往来，其航线就是当年秦军过交趾的路线。东汉马援将军征服交趾后，沟通了大风江与龙门港的联系，开辟了从北部湾到越南的便捷海上通道——"伏波古道"。乌雷码头、乌雷县原址、龙门港印证当年海上丝路的繁荣。

2. 经济发展

1992年以来，钦州人民经过艰苦努力，把钦州港建成我国西南省份主要的出海口。2006年广西北部湾经济区成立。2008年5月，国务院批准在钦州港设立中国第六个沿海保税港区——钦州港（图4-13）。至此，钦州港成为中国西部沿海唯一的保税港区。2009年12月7日，获国务院批准列为整车进口口岸，2011年11月1日通过国家验收。由此，钦州港成为全国第五个沿海整车进口口岸。升格为国家级经济技术开发区的钦州港加快建设北部湾地区集装箱干线港、建设面向东盟的区域性国际航运中心，钦州保税港区（图4-14）封关运作。中马钦州产业园区开园运行、中国—东盟港口城市合作网络钦州基地的建设使钦州港在广西北部湾地区经济社会发展中发挥着越来越重要的作用。

图4-13 钦州港——繁华的集装箱码头

图4-14 钦州保税港区一角

2011年中国石油和中国石化宣布进军钦州和北海，填补了中国西南地区大型石油炼化基地的空白。钦州港经过20多年的建设，现有各类公用、工业泊位79个，其中10万吨级泊位5个，7万吨级11个，5万吨级5个，3万吨级1个，1万吨级4个，万吨级以下53个，港口年吞吐能力达亿吨。2019年8月30日，中国（广西）自由贸易试验区钦州港片区正式揭牌，实施总面积58.19平方公里，涵盖了中国—马来西亚钦州产业园、钦州保税港区和钦州港经济开发区三个国家级开放发展平台，为钦州的发展带来新机遇与挑战。

3. 孙中山《建国方略》中对钦州港的规划

据史料记载，早在1919年孙中山先生就已经规划把广西北部湾这片区域打造成为我国南方的第二大港。在《建国方略》中写道：凡在钦州以西之地，将择此港以出于海，则比经广州可减400英里。海运比之铁路，运价廉20倍，节省400英里者，对四川、贵州、云南及广西的经济发展有很大的促进作用。孙中山先生所提的钦州港就是现在的钦州、防城港、北海三港。他指出从北部湾地区到印度洋和太平洋部分地区的货船，可比从广州港出发节省 400 英里的海运路程，并且海运的成本只是铁路运输的 1/20，所以钦州、防城港、北海三港将成为西部省份货运成本最低廉的渠道，这也是新形势下北部湾联动大西南共同发展的意义所在。

目前国内最高的孙中山铜像（图 4-15）在钦州港逸仙公园（又称"仙岛公园"），其内孙中山铜像底座四周用汉白玉石镌刻着辛亥革命时期的群体浮雕。钦州港曾是孙中山先生早年进行辛亥革命的根据地。1994 年 9 月，钦州市委、市政府为了纪念孙中山先生规划建设"南方第二大港"而修建此铜像。站在仙岛公园的瞭望平台上可以看到钦州港城市发展欣欣向荣的景象（图 4-16）。为了纪念孙中山先生，当地还修建孙中山先生逝世纪念碑（图 4-17），碑上还刻着先生当时对革命的嘱托与希望"革命尚未成功，同志仍须努力"。

图 4-15　仙岛公园——孙总山先生铜像

（a）　　　　　　　　　　　　　　　（b）

图 4-16　仙岛公园上俯视钦州港发展的景象

（a）　　　　　　　　　　（b）

图 4-17　孙中山先生逝世纪念碑

（三）历史古迹

1. 骑楼文化

"骑楼"作为一种建筑样式，一般指建筑物一楼临街部分建成行人走廊，方便贸易往来的临街商铺。骑楼的建造很好地适应了南方的气候特点，因为南方一年内雨季时间较长且夏季炎热。该建造结构可以遮阳挡雨保证贸易往来，既方便行人又有益于商人。而走廊上方为二楼的楼层，犹如"骑"在行人走廊之上，故称为"骑楼"。关于骑楼的起源，有多种说法。有的认为骑楼源自古罗马时期的券廊建筑；有的认为源于古希腊的敞廊式建筑；还有观点认为，骑楼的雏形其实源自中国；有的则认为近代骑楼的发展则与十八世纪末英国在印度等亚洲国家的殖民扩张有着密切的关系。由于英国人一时很难适应东南亚的热带气候，为了创造凉爽舒适且能挡热遮雨的居住建筑空间，便建造了具有外廊形式的建筑；而最被认可的说法则是，1820 年莱佛士爵士在新加坡颁布了"五脚基"建筑法令，即要求临街房屋与街道之间必须要有一条五英尺宽的遮篷，这是近代骑楼的雏形。

钦州骑楼主要分布于钦南区的一马路到五马路之间，并由此构成钦州市中山路骑楼街历史文化街区，属广西壮族自治区第三批历史文化街区。从建筑形式上，钦州骑楼汲取了西方散廊式建筑的特征，并与中国传统的檐廊式建筑形式相融合，因而呈现出独特的造型风格和建筑形式。钦州骑楼承袭了壮族传统干栏建筑的特点，底层架空，廊上建屋。钦州骑楼建筑中窗的立面造型上，虽然还可以看到西式的柱与拱，但其建筑结构则主要是以砖木结构为主，用砖拱或木搭跨梁支撑，以石灰砂浆建起。楼顶有砖石砌成的山花和独特的女儿墙，女儿墙开出一个或多个圆形或其他形状的洞口，融入传统的图案装饰。目前钦州骑楼街区依然车水马龙(图 4-18)，道路两旁是商铺，依稀能看到钦州老街往昔的繁华。虽然钦州已往新区发展，但老街依然是市民贸易往来的主要区域之一。由于人流物流较多，街道显得比较拥堵。

（a）　　　　　　　　　　　　　（b）

（c）

图 4-18　钦州骑楼

　　广西除了钦州外，北海、梧州、南宁、玉林也有骑楼建筑。随着社会经济的发展，许多骑楼老街被改造了。与北海等其他城市的骑楼相比，钦州骑楼街区的规模略大一些，且较好地保存了其原始的状态，但仍需要进行修缮和保护。在南宁，仅兴宁区的骑楼建筑被保存得比较完整。相对而言，钦州老城区还保留着大量具有岭南特色的骑楼。部分受损的建筑已经得到或正在修缮，但也有部分骑楼因年久失修，十分破损，已看不清原有样式。

　　有些城市对骑楼文化进行了科学合理的保护与利用，其中典型的有北海的骑楼老街。目前北海骑楼老街已是北海商业历史文化中心的代表。虽然是旧商业中心，但经过旅游规划开发，其至今已成为北海旅游的名片之一。到北海的游客，骑楼是必到的景点之一。

2. 刘冯故居文化

名人文化是一个城市传统文化的组成部分，也是一个城市不可忽视的文化资源。名人文化对于城市来说，可以增加城市的内涵和知名度，提升城市的文化形象和品位，提高城市的综合竞争力。

19世纪末20世纪初，中国处于动荡不安激烈变革的时代。外有西方帝国主义列强和日本帝国主义的不断侵略；内部人民起义不断，腐败丛生内忧外患。许多有识之士不断奔走呼告，希望挽救国家于危亡。刘永福、冯子材正生活于这一时代，他们可歌可泣的英雄事迹诠释了中华民族千百年来不屈不挠的民族精神，其爱国主义精神在和平的今日依然具有深刻的教育意义。

①刘永福故居

刘永福（1837—1917），字渊亭，广西上思人，出身于雇工；20岁以后投身农民起义的行列，走上反抗压迫剥削的道路，早期与地方地主武装斗争为主，反抗清政府的压迫剥削，后在清政府的镇压下进入越南继续反清和反法斗争。1857年刘永福在太平天国革命的影响下参加了天地会起义军。1864年刘永福在顺州（今靖西）安德组织黑旗军，并在越南抗法战争中屡立战功，被越南王封为三宣提督，这正是后来其故居"三宣堂"名称的由来。光绪八年（1882）法国殖民主义者侵占越南，并把侵略的矛头指向中国，不断威胁我国南部边境地区，使得朝野震动，群情激愤。中法战争就在这样的背景下爆发了，正式揭开了民族英雄刘永福抗击外来侵略、抵御外侮的爱国主义精神的序幕。作为越南抗法主力军——刘永福率领的黑旗军，在越南北方与法国侵略者激战，有力地牵制了法军主力，给外来侵略者带来沉重的打击。

刘永福故居"三宣堂"（图4-19），是钦州市的一张文化名片，刘永福的英雄事迹更是钦州永不褪色的城市文化。三宣堂不仅浓缩了刘永福英雄的历史和荣誉，更成就了钦州独特的文化资源与城市文化的魅力。其坐落在钦州市城区板桂街，"三宣堂"是光绪年间清政府特为表彰刘永福（图4-20为刘永福雕像）而建的，建成于1891年，占地面积22776平方米，建筑面积532平方米，大小厅房119间，是钦州市现存最宏伟、最完整的清代建筑群。作为刘永福曾经的住所，三宣堂浓缩了民族英雄刘永福一生反清抗外守土爱民的业绩。其中"拒贿厅"就见证了刘永福当年严词训斥那些企图买走法军首领李威利头发的携重金者；"请缨堂"表现了刘永福当年反对"二十一条"，请缨抗日，愿以79岁高龄昂然面对生死的精神；"济民仓"体现了刘永福体恤贫苦百姓的可贵精神；此外，练兵场（图4-21）农时晒谷，战时练兵，体现了刘永福"养兵千日，用兵一时"的忧患意识。为了宣传与弘扬刘永福的爱国主义精神，纪念刘永福180年诞辰，当地在三宣堂内修建了刘永福纪念馆（图4-22），纪念馆于2017年10月10日正式开馆，主要包括刘永福生平事迹的五个专题（图4-23）：黑虎出山、援越抗法、渡台抗日、老骥伏枥与世代流芳。

图4-19　刘永福故居大门——三宣堂

图4-20　刘永福雕像

图4-21　曾经的练兵场和晒谷场

图4-22　刘永福纪念馆

图4-23　刘永福纪念馆生平事迹展厅

目前，在三宣堂的周围有以商业和居住为主的人民路，保留完整的晚清砖木结构建筑的生活性巷子——占鳌巷，建筑结构大体协调的板桂街，两侧多为岭南风格的骑楼建筑、老城中心的中山路，建筑风格统一协调，基本保留了钦州旧商业中心往日建筑经济的面貌。

②冯子材故居

冯子材(1818—1903)，广西钦州人，出身贫寒。少年时期艰苦的生活环境磨炼了冯子材坚毅的品格。乾隆以后，清朝已逐步走向衰落，一场鸦片战争更是将清朝打入了积贫积弱任人宰割的境地。面对西方列强的侵略，无论是清廷依仗的八旗军还是曾国藩的湘军和李鸿章的淮军，结局都无非是全军覆没或大败而归。1860年，英法联军入侵北京、火烧圆明园，李鸿章面对列强，发出"中国遭遇了三千年未有之大变局"的哀叹。在清末许多著名将领面对西方列强入侵而屡战屡败无可奈何之际，冯子材以70岁高龄挺身而出，率领抗法军民打出了"镇南关大捷"等令国人扬眉吐气的赫赫战功。光绪九年，法国侵略者向我国西南发动进攻，中法战争正式爆发。当时镇守广西的淮军一溃千里，形势危急，清廷震动。冯子材临危受命，率抗法军民出关抗击法国侵略者，取得了镇南关大捷，使法国茹费理内阁倒台，更成为中华民族近代第一次对西方列强斗争的胜利。虽然胜利的果实由于清政府的腐败无能而被磨灭，但"抗法"英雄冯子材在中法战争中建立的伟大功勋，为中法战争的胜利奠定了坚实的基础，也深深影响了中国近代历史的格局。光绪二十年(1894)，中日甲午战争爆发后，冯子材不顾近80岁高龄，主动上书请缨抗日。民族英雄冯子材维护祖国领土完整，抵抗外来侵略的英雄事迹永垂史册，体现了其伟大的爱国主义精神。

冯子材故居"冯宫保第"(图4-24、图4-25)，位于广西钦州市城区。1875年建成，整个故居占地面积15万多平方米，包括3个小山头和1片水田，建筑面积2020平方米，是冯子材组建广东高、雷、廉、琼四府二十五州县团练总部，又是重组萃军奔赴前线抗法的总部。故居四周环以高墙，分3进，每进3大间，每大间又分为3小间，共9大间27小间，这是富有地方特色的所谓"三排九"建筑模式。故居没有豪华的装饰，却注重牢固和实用(图4-26)。粗梁大柱都是沉甸甸的格木，浮雕壁画不多，但质量极精。现为自治区级文物保护单位。

冯子材不仅是抗战民族英雄，还是教育的支持者与先行者。冯子材虽是武将，但对教育十分重视，多次修改建钦州的多所书院，在其院内还立有孔子雕像(图4-27)。为钦州教育事业的发展做出了努力与贡献。

图 4-24　冯子材故居大门

图 4-25　冯子材雕像

图 4-26　冯子材故居建筑

图 4-27　冯子材故居里的孔子雕像

3. 大芦村聚落文化

相传大芦村原本是芦荻丛生的荒芜之地，15 世纪中期才开始有人居住，经过劳氏先民们的辛勤开发，到 17 世纪初发展成为拥有 15 个姓氏（如今是 13 个姓氏）人家并和睦共处的富庶之乡。为了使后辈不忘当初创业的艰辛，先辈们给村子取名大芦村。

大芦村民俗风情旅游区是北部湾经济区首批四大中国传统村落之一，也是广西三个著名古村（镇）之一。其以古建筑、古文化、古树（俗称"三古"）享誉四方。其位于广西钦州灵山县，号称"荔枝村"。1999 年 6 月，大芦村被授予"广西楹联第一村"的荣誉称号。2007 年 5 月，大芦村被评为"第三批历史文化名村"。2012 年 12 月大芦村入选首批国家传统村落。作为中国历史文化名村，大芦村有着深厚的历史文化沉淀。从明朝迁徙建村至今，包括劳氏家族宗族文化、楹联文化、古建筑（群）等，都深深地吸引着外地游人。此外，这里收藏着清时期创作的传世楹联三百多幅与匾额四十块，包括文天祥手迹等大量的文物。大芦村的历史沉淀显示了岭南派古民宅高超的建筑水平和浓厚的文化底蕴，有着珍贵的人文历史研究价值和欣赏价值。多样化的物质文化和非物质文化景观，使其成为广西电影制片厂灵山影视拍摄基地（图 4-28）。

图 4-28　广西电影制片厂灵山影视拍摄基地

大芦村始建于 1517 年，历经明、清两代，从明朝嘉靖二十五年到清朝道光六年逐步完成。由镬耳楼（祖屋）、三达堂、东园别墅、双庆堂、东明堂、蟠龙堂、陈卓堂、富春园和劳克中公祠等九个群落（居民点）十五个大型宅院组成。这些古宅都根据地形傍山建设，山环路转，并且都是在宅前低洼地就地取材挖坭烧砖烧瓦，之后附形造势，蓄水为湖。各居民点间就以几个人工湖分隔，相距咫尺，又可守望相助，而且又各以始建时所在地的物产或地形标志命名，如樟木屋、杉木园、丹竹园、沙梨园、荔枝园、陈卓园、榕树塘、水井塘、牛路塘……

①古建筑

《大芦村古村历史简介》中记载，明朝嘉靖年间，县儒学廪生劳经卜为大芦村劳氏第一代始祖，创建了镬耳楼（图 4-29）。明朝中期到清朝末叶，大芦村劳氏祖辈创业守成，后又建立三达堂、东园别墅、双庆堂、蟠龙堂、东明堂、陈卓园、富春园和劳克中公祠（包括已毁掉的文昌塔），三塘湖泊环绕，形成劳氏宗族聚落群居建筑面貌（图 4-30、图 4-31），占地 22 万平方米，保护面积 45 万平方米，是广西目前较大的明清民居建筑群之一。大芦村房屋结构功能齐全，给游人呈现了具有特色的明末清初岭南豪宅建筑风格。其深厚的历史文化底蕴，主要表现在中轴对称的建筑布局、风水文化及宗族体制等礼制观念。

②古楹联

大芦村现珍藏有明清时期创作并沿用至今的楹联三百多副，这些楹联从明清时期开始已经沿用了四百多年，至今仍在节庆期间被各家各户沿用，楹联可分为春联、门联、婚联、寿联及祝贺联等，其内容多为修身、持家、创业、报国，楹联不仅文化内容丰富，而且工整规范，艺术造诣较高，有着重要的民俗文化价值和艺术欣赏价值。

图 4-29 镬耳楼

图 4-30 大芦村古建筑群标志碑

图 4-31 依山傍水的古建筑群

大芦村主体建筑镬耳楼第一道大门的楹联"武阳世泽，江左家风"（图 4-32）和东园别墅供奉的孔子牌位，道出了大芦村劳氏祖先从山东武阳迁入的历史渊源和尊祀孔圣，传承孔鲁儒家"孝悌忠信礼义廉耻"文化根脉并立其为家风的初心。先后创作以修身、持家、创业、报国等为题材兼具家族家风家训特色的传世楹联，张贴在镬耳楼、三达堂、东园别墅等重要门第，激励族人，世代传承。经典的古楹联如："栽成善士师千古，点化英才笔一支""文章报国、孝悌传家""有点有则，是训是行""惜食惜衣不但惜财兼惜福，求名求利须知求己胜求人""孝悌慈父子兄弟作法，智仁勇 天下国家可均"等。在大芦村不同的门厅都粘贴有不同的楹联内容（图 4-32、图 4-33）。

③古树

大芦村依山傍水，古树参天。古树主要有三种，第一种是古荔枝树，在村中池塘边就有很多古荔树，据村民介绍，古树有三百年左右历史；关于当时选种荔枝的

图 4-32　大门楹联

图 4-33　内厅楹联

原因，后人解释因为当地"荔枝"的发音与"来子"相似，是先人儿孙满堂的愿望。第二种是古樟树，在三达堂附近有两株大樟树，栽种于清朝康熙二十二年（1683），已经有三百多年的历史；栽种樟树取义于笔墨文章，在三达堂前有一个池塘，意为墨池，相互呼应。第三种是大叶榕树，石碑记载也是栽种于清朝康熙二十二年（1683），有重要的历史文化价值和生态保护价值。此外，大芦村中出产的"三月红"荔枝和椪柑色泽鲜艳、味美、质量上乘，深受国内外消费者的欢迎，因此又被称为"荔枝村"。又因栽种的果树盛产丰收、品种优良、畅销远近，2005 年被评为"全国农业示范点"。

④民俗

民俗资源是古村落重要的文化资源之一。大芦村人至今还保留着较多风俗习惯，特别是在一些传统节日上沿袭着先人传统，比如农历二月初二的春社、三月初三的插青、四月初八"浴佛节"、五月初五的"龙船节"、七月十四日吃茄瓜粥，还有八月十八日"还年例"或"岭头节"上的"跳岭头"等。不仅体现了当地的民俗特色，更是重要的民俗旅游资源。岭头节是钦州一带壮族、汉族民间传统节庆习俗，多在中秋节前后十余天内举行，个别地方在农历三月或十月间，因其活动多在村边岭上举行而得名。大芦村视岭头节仅次于春节，节日期间有祭祀祖先、跳师公戏、武术表演等节目。

4. 书院文化

据史料统计，在明代钦州的钦南、钦北区教育普及至乡间，除儒学外，还有社学 16 所；到清代有东坡、铜鱼等 15 所书院。灵山有西灵、植桂等 7 所书院，浦北有归德、福江等 10 所书院。唐朝至清朝共出贡生 191 人、举人 72 人、进士 14 人。晚清冯子材提倡建镇龙楼，开设绥丰书院，重建铜鱼书院，钦州教育得到进一步发展。源远流长的书院文化对现今钦州教育有着深刻的影响。

①铜鱼书院

铜鱼书院建于清光绪十九年(1893)，旧址在今钦州市小董镇小董中学。当时廪生方凤元为纪念冯敏昌的功绩发展地方文化，发起募捐，并得到抗法名将冯子材的赞助而建。书院占地面积约50亩，坐北向南，一共4座房屋，东西各两大廊，内分十大间。大门前建一照壁，方凤元亲书"天开文运"4个大字，举人王士宗所书石刻楹联"铜柱功勋地，鱼龙变化时"跃然入目。书院全部按照广州广雅书院的模式兴建。院内有大块园地，树木葱郁。树下设石台、石凳数十张，供学生课余小憩。首任校长为方凤元，后因年老辞教，由桂南举人梁润堂接替。光绪三十年，改办钦县沿海第一高级小学。光绪三十二年，改为钦县两等小学堂。民国八年(1919)五四运动前夕，又改为钦县第三小学。民国二十七年秋，改为钦县县立第二初级中学，附设国民中心学校。1950年，更名钦县第二中学。次年，为钦县政府驻地。1953年，已迁至替头村的钦县第二中学复迁回书院旧址。1956年，改为钦县小董中学。次年，改为钦北僮族自治县小董中学。1959年3月20日，又更名为钦县小董中学。此后，随着行政区划名称的变更，相继改名为钦州壮族自治县、钦州县、钦州市小董中学(图4-34、图4-35)。

图4-34　铜鱼书院大门

图4-35　铜鱼书院师生晨读

②大朗书院

大朗书院(图4-36、图4-37、图4-38、图4-39)于清光绪二十五年(1899)由宋安甲创办。书院坐北向南，院舍3座，头座、中座之间有小花园，中座、后座之间为庭院，地铺青砖，四边镶嵌花岗岩，建筑面积1800平方米。旧址在今钦州市浦北县小江镇大朗村。书院布局为三进两厢，为砖、瓦、石、木的传统建筑构造，占地面积约 0.333 公顷，建筑面积 2000 平方米。拥有大小教室和教师住房等 16 间，教室、住房之间有走廊相连，4 个天井把三进两厢的建筑分隔开来。书院是浦北县清代兴建的 16 所书院中保存较完整的 2 所书院之一，展现了清代时期浦北县教育风貌和岭南建筑艺术。近年以书院为基础开发大朗书院文化园，不仅包括邻近的伯玉公祠，还将配套建设包括浦北历史上曾经兴建的其他 15 个书院微缩景观在内的休闲广场，以及书院广场、游客服务中心、青砖广场、人工潮和驳岸、主桥及小桥栏杆、抚琴榭、聆书亭等，旨在传承古建筑和书院文化、客家文化元素。

图 4-36　大朗书院正门

图 4-37　大朗书院内景

图 4-38　书院曾用的水井

图 4-39　通往二层的阶梯

③流芳书院

流芳书院于清光绪二十年(1894)始建，旧址在今钦州市钦北区那蒙镇竹山村陈氏古宅院后，早已荒废。书院所在的竹山村，距离那蒙镇 3 公里，村名因村中有一座长满毛竹的山而得名。最初由马、周、梁、潘、杨、查、何、刘、苏、卢、石、钟、黄十余姓先后移居而形成聚落。明朝末年陈姓人迁入。清乾隆年间以来，村里陈姓人出了一批儒生、官员、财主，兴旺发达。据不完全统计，清朝两百多年间，村里共出三品官一人、四品官二人、五品官一人、六品官五人、七品官六人、八品官三人、九品官十人；考取进士及第一人、举人二人、监生十三人、贡生五人、庠生五人、廪生一人、增生四人、生员八人。竹山村现有5000多人，大多数是清代儒生、官员、财主的后人，他们的祖先当年通过读书或其他途径做官立名于世，以致现今村中保存有中军第、赞府第、大夫第、骑尉第、朝议第、明经第、进士及第、司马第等十多座官宅府第。"流芳书院"现已芳迹难觅。曾经书声琅琅，出过不少大官、举人、进士等人物的书院今已面目全非，只剩下一堆废墟。

④进城书院

清光绪二十三年(1897)宋安枢、宋润生倡建，地方绅士赞助，仿广东广雅书院式样营建。至次年先后完成头座、二座、三座，每座包括正厅及耳房5间。二座的正厅3间，串成一个礼堂，中间建半空神楼，安放孔子神位。两边直屋底层书舍10套，每套1厅2房；二楼设课堂2间，书舍6套，每套3间，其中师舍7间，女舍6间。东南角有望江楼1幢，1~2层楼有课堂2间，打更楼1间，图书馆1间；东北角建三层大楼1幢，共有书舍18间；附设当铺1幢。书院前面有鱼塘1处，面积1亩；大门东南、西南分别建"东庠""西序"横门。北面有篮球场。书院建有5米高的火砖围墙。首任校长为刘润纲，举人，合浦县人。旧址在今钦州市浦北县小江街道浦北中学内(图4-40)。

图4-40　浦北中学校园一角——进诚书院

⑤福江书院

清咸丰十年(1860)，福江书院由合浦(今浦北)乡绅谢傅岩、吴德堂、黎耿庭、李厚斋、李载石、余穆庵、李思轩等人倡建，并发起募捐，于护国庙右边建讲堂、书舍、厨房、厕所共20间及文昌阁4层，当年秋正式开办。旧址在今浦北县福旺镇福旺初级中学，图4-41为福江书院昔日外景模拟。首任校长朱永观，翰林，横县人。至同治六年（1867），学生日渐增多，书院日渐兴旺，原有讲堂、书舍不够使用，又计划在文昌阁右边空地增建，再次发起募捐。同年10月兴工，增建讲堂3座、书舍16间及院门、围墙、四周沟渠等。至此，院内共有讲堂、书舍40间，毕业学生400人。按月考成绩与奖励情况，福江书院胜于海门、龙门、廉湖、珠江等书院。光绪三十年（1904）废科举，兴新学，福江书院改名为福江小学堂，分高、初两等，聘请横县贡生雷大珍任校长。当时主要讲授国文，兼开设数学、历史、地理和一些自然科学课程。辛亥革命（1911）后，福江小学堂更名福江小学，民国十五年（1926）改制为中学，当年下半年成立升中班。次年，改名广东省合浦县立第二中学，简称"福旺二中"。民国二十九年（1940），福旺二中增办高中部。民国三十一年，福旺二中改建，仿造欧式大门建牌楼。

图4-41　福江书院昔日外景模拟

　　牌楼气势雄伟，建成时适逢广东省省长李汉魂视察南路经过福旺，校方遂请其书写校名"广东省合浦县立第二中学"，镶嵌于牌楼顶部正面。1952年，福旺二中更名为广西浦北县第二中学，简称"浦北二中"。人民公社化期间，浦北二中曾改称福旺中学和东风中学。1966年，浦北二中再次更名福旺中学。据了解，该校每学期开学，每个班都要轮流到书院道德讲堂诵读弟子规。平时同学们在学习生活上碰到迷惑不解之处，也会到书院静坐默念，以求释疑解惑，或以前贤励志。一进旧楼于2000年拆建新楼，书院所有瓦房于2004年拆毁，新建现在的福旺中学（图4-42、图4-43），现在中学占地面积达30亩。

　　⑥六秀书院

　　六秀书院建于清同治年间（1862—1874），由当地居民募捐而建，书院整体为土木结构。旧址在今灵山县城六峰山上，于民国年间被摧毁。中华人民共和国成立

图 4-42　福旺中学——福江书院旧址

图 4-43　校道中的福旺中学

后，这里曾是灵山县委小会议室。1960 年 9 月 14 日，中共广东省委第一书记陶铸到灵山检查指导工作，曾在此发表过重要讲话。目前，在老一代领导建议下，"六秀书院"已在六峰山上重新修复，并作为重点文物保护起来(图 4-44)。

图 4-44　六峰山上的六秀书院

⑦东坡书院

东坡书院于康熙三十四年(1695)建成。旧址在今钦州市第一中学（原钦州城外平南古渡头）。嘉庆二十四年(1819)，以建万寿宫余资重建书院堂舍，建筑面积为 1066 平方米。道光《钦州志》详尽记载东坡书院建设发端、沿革、学田分布及书院建筑格局图。光绪十六年(1890)，钦州知州李受彤将书院迁至镇龙楼(该楼系冯子材倡建于 1885 年，1889 年落成)，易名绥丰书院。光绪三十二年(1906)改为钦州中学堂。此后相继改称广东省立钦州中学、广东省立第十二中学、钦州县县立中学、钦县县立第一中学，1984 年起改为钦州市第一中学(图 4-45)。

图 4-45　东坡书院(绥丰书院)旧址——现钦州市第一中学

⑧西灵书院

康熙二十六年(1687)灵山县知县迟维城创建。旧址在今灵山县灵城镇第二小学。乾隆二十六年(1761)知县黄元基增建东西学舍 10 间，院后余地松风亭 1 座。嘉庆十九年(1814)知县于潜修率县绅梁惠祖、钟焕基等捐修。书院分 3 座，前座大门 3 间，中座大讲堂 3 间，后座为师生宿舍 5 间。讲堂东面为厨房，四周有围墙，惟东西学舍尚未修复。西灵书院曾是灵山县科举取士的摇篮。光绪三十四年(1908)改为善仁学堂。20 世纪 80 年代尚存遗迹，后因学校建教职工宿舍楼而拆除。

⑨凤池书院

凤池书院位于现浦北县乐民镇乐民中心小学内，由地方乡绅于嘉庆十三年十月(1808)集资兴建。于光绪年间被毁，后于光绪十六年(1890)重建。凤池书院占地 5 亩多，建筑面积 500 平方米，坐东向西，两进两厢，砖、木、石结构。头座五间，两座五间，两侧两厢，北头一间为廊屋，在屋后山腰约 20 米高处，建有一个月楼——文昌阁。书院的命名源于学校位于石山脚下，而这面石山像只展翼欲飞的雌凤，石山脚有一口鱼塘，校背属凤，校前是池，因而得名"凤池书院"(图 4-46)，这座山后人又称"凤池山"。

图 4-46 归德书院、凤池书院、汇英书院外景模拟

⑩归德书院

归德书院位于现浦北县寨圩中学内，建于清道光三十年（1850），由地方乡绅等倡捐创建。归德书院占地 2 亩多，建筑面积 800 平方米，二进两厢二层建筑，砖木石结构，书院大门"归德书院"字为秀才宁爱之墨迹，至今尚存，现位于寨圩中学小花园中（图 4-47）。民国九年（1920）归德书院改为合浦十六区高等小学。民国十年（1921）十六区高等小学迁址宾兴（现寨圩镇政府所在地），同时在归德书院原址开办三年制归德师范讲习所，第一届学生 23 人，于民国十三年（1924）毕业，按这样的规模办了三年。民国二十年（1931），归德师范讲习，旧校址改为师范讲习所，首任校长陈善森，学生韦培英等 32 人，于 1933 年毕业。民国二十年（1931）秋，改为合浦县乡村师范学校（三年制），校长袁妙之，第一届学生有朱棣超等 36 人，于 1935 年毕业。第二届毕业 12 人。民国二十四年（1935）改名为合浦县立简易师范学校，首届校长覃炳璋。民国三十三年（1944）七月改为合浦县立第七初级中学。1949 年增设高中部，并在乐民设立凤池分校。

图 4-47 归德书院旧址——现位于寨圩中学校内

⑪汇英书院

汇英书院位于浦北县张黄镇,始建于清朝乾隆元年(1736)。光绪三十一年(1905),宋安枢(1854—1938,字星垣,江城乡六新村公所西坡村人)在汇英书院的基础上创立上八团(即今浦北)学堂——张黄中心校旧址。汇英书院三进两厢,砖木石结构,内共立石柱18条,除4条圆柱外,其余均为方柱,柱子上大多写对联,梁架屋檐雕花。共计有大房7间,小房2间,天井4个,走廊四通八达,改为学堂后,大门上方用花岗岩阴刻宋体"上八团学堂"匾额,两副对联为"尘氛尽扫,文运初开",整座书院占地面积达6000平方米,建筑面积4000平方米。

⑫十冬堂书院

十冬堂书院(图4-48)位于浦北官垌镇历山村委历山圩,嘉庆年间由地方绅士倡捐筹建。十冬堂书院占地1亩,建筑面积350平方米,二进厢,砖木石结构。

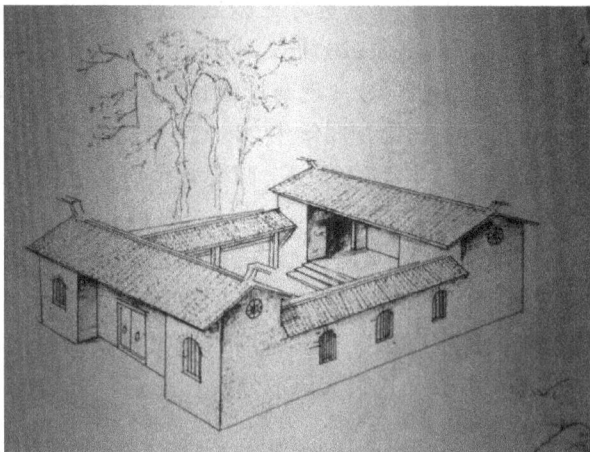

图4-48　十冬堂书院外景

⑬奎峰书院

奎峰书院(图4-49)位于现官垌镇文峰村委,建于清嘉庆三年(1798),因其大门正对奎位山峰,故曰"奎峰"。由当地绅士彭有佳等18人集资创建。奎峰书院占地3亩多,建筑面积800平方米,坐南朝北,砖木石结构两层楼房。于清咸丰九年(1859)扩建东西厢馆,增开武课,备置武石、18种兵器。奎峰书院培养了不少功名人士,秀才黄敏源曾在奎峰书院教书。在清末出过秀才张宜秋、彭少瑀、李恩高等人,李恩高还获得博白记名知府送来祝寿牌匾"圣朝耆寿"一块,现存放在其后人厅堂内;彭少瑀又名彭恩璠,龙地村人,在奎峰书院读书后又考上郁林九中,后官至广东信宜县长,他发迹后在奎峰书院种下两棵桂花树以示纪念,现今尚有一棵存活。

图 4-49 奎峰书院外景模拟

⑭文昌书院

文昌书院(图 4-50)位于浦北县石埇镇文昌小学内。始建于乾隆年间,由当时的有识之士集中捐资兴建。文昌书院占地 800 平方米,建筑面积 300 平方米,结构为上下二进,上进正厅。左右有大拱门通两侧教室,天井两边为耳房(汉族建筑中,主房屋旁边加盖的小房屋),下厅左右为教室、宿舍,建筑雄伟,俨然可观。文昌书院兴学重教,福泽四方,原国民党香翰屏将军、香炳杰团长童年在此求学。每逢农历二月初三校庆盛况非凡,与地方父老,捐资者隆重庆祝;文人荟萃,校友咸集。

图 4-50 文昌书院外景模拟

91

文昌书院，旧校址有书房岭之称，因时代变化，几易校名。中华人民共和国成立前为广东省合浦县石埇乡（当时属合浦县管辖）第六保国民学习地。中华人民共和国成立后，为合浦县泉水公社陂角小学，后又经历分县、分乡、撤乡改镇等历史变革改成现在广西浦北县石埇镇文昌小学。百多年来，文昌书院从私塾到国立小学，肩负历史重任，培养一代代新人，不少军政要人、科技干部、艺术家、教育骨干曾在此启蒙，人才辈出。

⑮志德书院

志德书院（图4-51）位于浦北县张黄镇大平村委吴屋村，始建于道光二十四年（1844），由吴氏后裔发起创建，现吴氏宗祠曾是该院院址。志德书院占地3亩，建筑面积800平方米，坐东向西，三进两厢，砖木石结构。书院曾延续到民国二十一年（1932），再由吴氏人发起集资，按照原来的规模风格复原重建成现有的祠堂。

图4-51 志德书院外景模拟

⑯龙文书院

龙文书院（图4-52）位于现龙门镇龙门中心小学内，创设于光绪二十三年（1897）冬。由陈耀晖、陈于心、米小用、赖德建等发起筹建。龙文书院占地6670平方米，是三进四合院结构。龙文书院几经更名，初为书院，1950年，废书院制改设学堂。

⑰石岩书院

石岩书院（图4-53）位于浦北县北通镇清湖村委石岩岭，因建在石岩岭下而得名，现址为北通清湖石岩小学。清道光年间，由当地人翁运伸（翁为寿）、陈从溪、

图 4-52　龙义书院外景模拟

陈子参等人倡捐。石岩书院占地 2 亩多，建筑面积 800 平方米，坐西向东，三进两厢，砖木石结构。书院建有长约 1.5 公里至九尾麓的跑马道，有重 2.5 千克的练武关刀 1 把，是当时一所既习文，又习武的书院。民国九年（1920）因地方上抢割纠纷事件，石岩书院改为合浦县立第二小学；中华人民共和国成立后，改为石岩小学；"文革"期间，原书院建筑全部拆除重建，改为清湖小学；20 世纪 90 年代中期改为钢筋混凝土结构建筑教学楼，于 1995 年改为原名石岩小学。

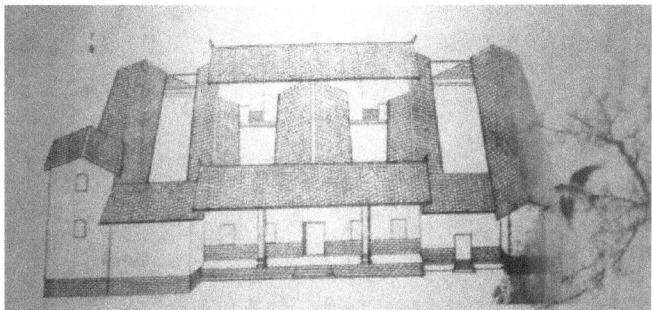

图 4-53　石岩书院外景模拟

⑱文澜书院

文澜书院（马栏书院，图 4-54）位于浦北县龙门镇马兰小学内，原名马栏书院。清咸丰末年至同治初年由当时的秀才易在城主政马兰时所建。到秀才吴文波主政，改为"文澜书院"。文澜书院占地 840 平方米，三进四合院结构，每进有 5 间教室。

93

图 4-54　文澜书院外景模拟

⑲石凉书院

石凉书院(映德书院，图 4-55)位于浦北县安石镇安石街，始建于清光绪年间，现为容氏祠堂。书院由进士出身的廉州知府刘齐寿与合浦知县翰林士邓倬堂倡捐，容氏有识之士积极响应号召，当地人佛金、佛宝两兄弟牵头，在安石街北向约 1 公里的书院岭脚下兴建该书院。映德书院建筑面积 500 多平方米，坐西向东，砖木石结构，三进两厢。光绪三十一年(1905)，映德书院改为映德学堂，民国六年(1917)6 月迁至新圩建设安仁学堂。之后由安石墟裕泰打银铺主容敬辉捐赠，当地绅士、民众捐资集粮，建成现在的安石小学。

图 4-55　石凉书院外景模拟

⑳蒙屯书院

蒙屯书院(图 4-56)旧址坐落在浦北县泉水镇蒙屯村吴氏祠堂南面，书院始建于清朝乾隆元年(1736)，是蒙屯村人吴维侯创建。蒙屯书院占地 2800 平方米，坐西向东，是砖木石结构的四合院，建有大小书房共 20 多间，群众称之为蒙屯大书房，是一所文武书院。创建人吴维侯，字宝山，是清朝乾隆年间武显将军，当地群众尊称其为宝山公。书院当时除设有文化课外，还开设有练武课。1905年，废书院制改设学堂，蒙屯书院校址弃用，迁入蒙屯村吴氏祠堂，改为"屯英学堂"。屯英学堂于1927年秋季迁移至旧州文武庙，校名为"合浦县旧州乡第九区第二小学"。

图4-56　蒙屯书院外景模拟

5. 灵山人遗址

1960年专家与考古队曾在东胜岩、葡地岩和尽头岩三个岩洞中发现灵山人的遗迹。三个岩洞位于灵山县三海街道梓崇村马鞍山的山脚。东胜岩发现1块颞骨的鼓室部、两颗牙齿和一段左侧股骨上段，出土熊的化石和钙化蜗牛；在葡地岩发现1块顶骨和3块额骨，出土中国犀牛、野猪、鹿和牛化石。经过专家研究鉴定，三个岩洞出土的古人骨化石体质特征大体与广西同期或稍早的"柳江人"和"来宾人"相接近，属于新人类型的人类化石，是距今2万年的人类遗骨。考古队给他们起了一个名字："灵山人"，并将此处命名为"灵山人"化石出土地点。此外，还在石背山洪窟洞古人类遗址，出土1块顶骨、1块髋骨、1枚上臼齿、2枚板齿，代表老年个体，属旧石器时代。在石塘乡钟秀山滑岩洞遗址，发现10块头骨、70枚牙齿、1块髋骨、1件穿孔石珠和一些网纹、绳纹陶片，研究鉴定为新石器时代的人骨，距今约6000年。而在1990年，相关考古部门先后在钦南区那丽镇独料、钦北区大寺镇那葛的马敬坡以及今浦北县中西部一带河溪的山丘上发现新石器时期的古人遗址，在遗址中发现磨制的石器、粗陶碎片等物经鉴定为距今1万至4000年前，据此推测"灵山人"的后代当时已散布到钦州市境的多处地方。

6. 亚洲象化石

2000年6月亚洲象化石被当地的村民发现于浦北县乐民镇莫村石山洞穴。据专家推测，亚洲象化石距今5万~10万年前，是广西出土保存最完整的亚洲象化石。据专家推测，不慎从悬崖坠落是亚洲象化石在洞穴发现的原因。由于发现化石前当地村民炸山取石，不少化石材料已被人为破坏。专家再次到浦北考察洞穴时，莫村石山已经被夷为平地，失去了研究亚洲象生存的地质及环境的重要资料。出土的亚洲象化石材料比较完整，完整度属全国罕见。出土的化石材料约占整具亚洲象化石的40%，包括部分上颌骨，较完整的下颌骨，约七成的脊椎系列，约1/4的肋骨，还有肩胛骨、较完整的四肢骨等，基本上包括了各个部位，且左右对称，对修复工作极有帮助。经过13年的修复，2013年4月这具身高2.8米、身长5米的亚洲象复原翻制模型在广西自然博物馆与市民见面。

（四）风土民情

1. 坭兴陶文化

钦州坭兴陶(学名为紫坭陶，又称"红陶")，与宜兴紫砂陶、云南建水陶、四川荣昌陶并称"中国四大名陶"。坭兴陶由钦江东西两岸特有紫红陶土经传统工艺高温烧制而成。据历史记载，远在1200多年前的唐元年间已发现有类似的陶瓷，到清代咸丰年间发展昌盛，得名"坭兴"。钦州坭兴陶艺人名传四海，从清朝起，曾被光绪皇帝、袁世凯、段祺瑞召见。早在1915年美国召开的"巴拿马运河开航太平洋万国博览会"上，中国首次组团参加国际大赛，钦州坭兴陶就荣获金牌奖。中华人民共和国成立后，坭兴名家荣幸地受到国家领导人接见。历代诗人、著名的书画艺术家对钦州坭兴陶也情有独钟，纷纷作诗赞誉。1997年，钦州坭兴陶和壮族织锦被国务院列入《传统工艺美术保护条例》重点保护工艺品种，成为广西最具民族特色的"两宝"之一。2008年6月，国务院批准广西钦州坭兴陶烧制技艺为国家级非物质文化遗产。2016年6月11日中国第11个非遗传承日，由广西壮族自治区文化厅和钦州市政府主办，钦州坭兴陶文化研究会承办了——广西钦州2016年文化遗产日主题活动暨千年坭兴陶钦江古龙窑火祭大典。钦州市坭兴陶艺馆内，不仅陈列不同时期的坭兴陶艺精品和坭兴陶文化的推介，更向人们展示坭兴陶的制作过程及提供亲手自制的平台。

钦州坭兴陶的"窑变"技术，堪称"中国一绝"，其在烧制过程中不添加任何陶瓷颜料也可产生窑变体。但并不是所有的烧制陶瓷都可产生窑变，窑制中偶尔只有1个或少数几个产品产生"窑变"(深绿色或古铜色)，使其表层形成各种斑斓绚丽的自然色彩，素有"窑宝"之称，具有很高的欣赏和收藏价值。坭兴陶独具透气而不透水的天然双重气孔结构，有利于食物长久储存；其耐酸耐碱与无毒性(铅镉释出量几乎为零)更是堪称一绝。

坭兴陶的外形与雕刻的文字、诗词、花纹主题大多选自广西特色的民族文化，与人们对美好生活向往的图像。图4-57中以铜鼓为外形，加缀了花山岩画的图案，不仅增添了艺术品文化内涵，也提高了收藏价值。在钦州市坭兴陶艺馆坭兴陶传统工艺展示区(图4-58)内展示了坭兴陶的制作工序，其中图4-59、图4-60分别展示了坭兴陶的拉坯成型与刻字装饰工艺，整个制作过程必须认真细致，否则一不小心就使半成品成为次品。师傅们娴熟的手法加上独到的工艺，才有了实用美观又具有欣赏价值的坭兴陶瓷品。

（a）

（b）

图 4-57 坭兴陶艺品

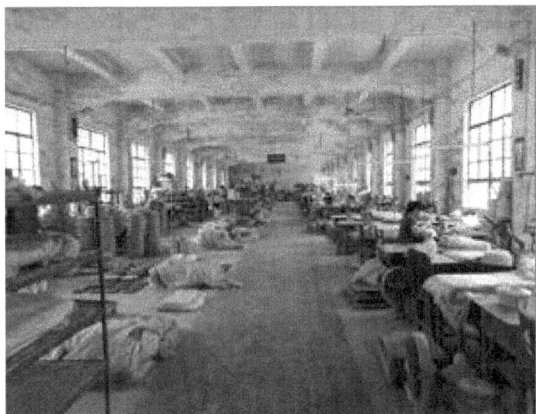

图 4-58 坭兴陶传统工艺演示区

图 4-59 拉坯成型工艺

坭兴陶离不开烧制工艺，龙窑（用柴草烧制陶瓷的长形窑炉）则是烧制坭兴陶的窑炉，我国龙窑最早始于战国时期。钦江古龙窑是缸瓦村人完全按远古传统格式依山势斜坡建造的，外形犹如一条长长的卧龙（古龙窑也因此而得名），图 4-61。钦江古龙窑体长达 82.2 米，共有 5 个窑门、99 个火眼，属于特大龙窑，国内稀有，传承了千年坭兴陶的龙图腾，极具文物保护和利用价值。是广西壮族自治区文

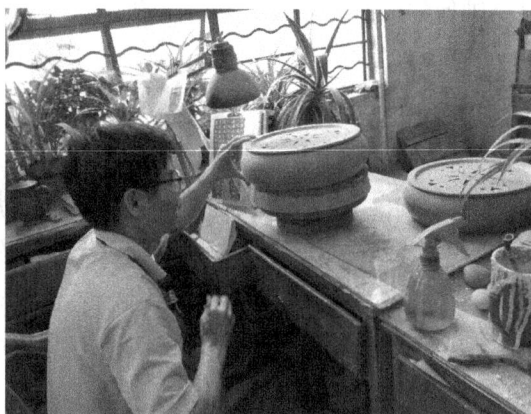

图 4-60 刻字装饰工艺

物保护单位，也是国内文物保护单位中最长的古龙窑。关于钦江古龙窑窑址，还要追溯至 600 多年前。钦江古龙窑第一座遗址在缸瓦窑村(距图中遗址约 1 公里)内，是张、莫、苏、刘、颜五姓人于明朝洪武四年(1371)建造。600 多年间，随着制陶业的发展，村内各姓都相继建造了自家的龙窑，历经世代传承。中华人民共和国成立后，广东省政府高度重视坭兴陶发展，1956 年拨出专款成立"广东钦县坭兴陶艺合作社"，厂址即在第一座古龙窑遗址旁。1958 年搬至子材大桥桥头，成立坭兴陶艺厂，坭兴陶艺人当时享受的是"省工资"的待遇。1957 年成立钦县陶瓷厂，拆去村内各姓私窑，合并材料建造了这座大窑。1983 年再分设钦县坭兴工艺二厂，至 2008 年 6 月停产，此窑已历经 50 年的煅烧，已经千万斤以上柴火洗礼，窑体内挂满了翠绿晶莹的窑珠，非常珍贵。钦江古龙窑及其缸瓦窑村，600 多年来不仅见证了坭兴陶的辉煌发展史，也记录了坭兴陶饮誉"中国四大名陶"的辉煌历程。

（a）古龙窑正门

（b）古龙窑外观

图 4-61 钦江古龙窑

2. 小江瓷文化

小江瓷是广西钦州市浦北县境内所制造瓷器的统称，距今已有 1500 多年的历史，与坭兴陶相比，小江瓷的发展历史颇为曲折。小江瓷起源于南北朝时期，成熟于宋朝，在清代中叶得到快速发展，民国时达到鼎盛。素有"北有景德镇，南有小江瓷"之美誉，曾与江西景德镇、湖南醴陵、山东淄博的瓷器齐名，2012 年浦北"小江瓷手工制作技艺"被列入广西壮族自治区级非物质文化遗产名录；是广西传统民族工艺产业中的"百年老字号"，有着"广西老字号"的称号。小江瓷是一种民间艺术品，"越州绿"和"越州红绿彩"的釉色别具一格。其烧制要经过 72 道复杂的工序才能完成。小江瓷胎体较厚，釉色鲜亮通透的特点得益于当地分布广泛的高岭土，高岭土储存量大，细腻、白纯，且黏性好、稳定性高、可塑性强。瓷器是人们生活中常见的器物之一，最能反映时代特征和社会文化。

明末清初时期，景德镇窑工因逃避战乱来到小江，始创小江镇马路坡小江窑，这是近代小江瓷烧制的开始。可以说小江瓷烧制技艺与景德镇瓷器一脉相承。经过不断发展壮大，小江瓷烧制规模日渐扩大，烧制技术日臻成熟。清代末期至民国初年，小江瓷销往粤桂各地，经江西师傅鉴定，其质量仅次于江西瓷，故当时浦北县小江乡有"小江西"的美称。清乾隆至光绪时期，当地除烧制青花日用瓷外，还创烧了陈设工艺瓷，有明代景德镇制瓷业遗风；晚清至民国乡土气息浓厚，装饰画中的山水风景均为浦北小江自然风光景色，花鸟题材多为本地野菊花、兰花和县境常见的八哥鸟及昆虫；抗战时期，有"抗战必胜""抗战到底""还我河山"等字样的抗战瓷；"文革"期间又有毛主席白瓷座像和釉下彩毛主席瓷像章；20 世纪 90 年代，小江瓷因产销不景气而改制停产，在国内陶瓷界名气逐渐没落；为振兴小江瓷产业，浦北县 2015 年创建了广西小江瓷艺有限公司，同时设立了浦北小江瓷文化研究中心、小江瓷文化交流与销售中心、小江瓷大师工作室、小江瓷传统技艺传习馆等。公司在日用瓷的基础上拓展到艺术瓷，将传统的技艺改造升级。将钦州地方文化特色、风俗特点以及国际时尚元素相结合，使得陶艺更加精湛，产品更受欢迎。浦北县的陶瓷文化就在这波荡起伏中得到了传承与发展。在 2016 年 4 月第六届中国(北流)国际陶瓷博览会中，6 件小江瓷作品被选为国礼赠与马来西亚相关领导，一度没落的小江瓷在东南亚的名气再次崛起。从辉煌到没落，再到如今重焕光彩，小江瓷印证了南北朝以来当地社会经济和人们生活的场景。如今，在浦北县小江瓷艺术馆里，琳琅满目摆放着各式各样的小江瓷器，图 4-62 为以凤池书院和归德书院外景为题材的瓷品。

3. 大蚝文化

大蚝俗称"牡蛎"，属暖水性贝类，在我国东南沿海的河口区域均有分布，

（a）凤池书院外景瓷器　　　　　　（b）归德书院外景瓷器

图 4-62　小江瓷产品

是钦州四大海产(大蚝、对虾、青蟹、石斑鱼)之一。不同的区域对大蚝叫法不同，两广一带称之为"生蚝"，福建沿海及台湾地区叫做"蚵仔"，而江浙一带说法则是"蛎黄"，而北方称之为"海蛎子"。2017 年钦州大蚝养殖面积约 12 万亩，年产量达 22 万吨，居全国首位。此外，全国 70%的蚝苗产于钦州，钦州的大蚝产业已形成"育苗—养殖—加工—销售"一条龙的产业链，有原汁蚝油、蚝豉等产品畅销全国各大中城市和港、澳地区，并带动了水泥、竹木、化工等相关行业发展，为社会提供就业岗位的同时，大蚝产业已成为钦州市农民增收的支柱产业之一。

　　钦州人与大蚝打交道的历史古已有之。据钦州地方志记载，钦州人采摘、食用大蚝的历史至少有三四百年的时间。早在 350 多年以前，居住在钦州湾一带的渔民，便已有采蚝、制蚝、吃蚝的行为活动。2011 年 5 月 19 日钦州茅尾海国家级海洋公园成为国家首批批准建立的 7 处国家级海洋公园之一，一年一度的钦州蚝情美食节。目前"大蚝"已成为钦州重要的城市符号，蚝情节也成为钦州文化旅游的一个品牌活动。迄今为止，当地政府部门共举办了九次蚝情节，规模一年比一年宏大；节目一届比一届丰富多彩(图 4-63、图 4-64、图 4-65、图 4-66 为 2018 年钦州蚝情节现场)。"蚝情节"体现了钦州以蚝会客、以蚝传情、以蚝引商的蚝情，为打造"中国大蚝之乡"的品牌，提升钦州的城市形象、推动当地文化旅游产业的发展、打造了钦州大蚝和坭兴陶及钦州滨海新城茅尾海国际海上运动等文化旅游品牌起到积极的作用。

　　从 2014—2018 年来看(表 4-1)，钦州蚝情节开展设置的主题与内容越来越凸显钦州的特色，从为钦州大蚝文化与坭兴陶文化打开走出去之门，到提高影响力、打造地方品牌特色，再到发挥大蚝与坭兴陶已有的吸引力带动经济发展。钦州的蚝陶文化正以稳健、欢快的步伐走向东南亚、走向世界，吸引着世界的眼光。

图 4-63 2018 年蚝苗展示现场

图 4-64 2018 年蚝情节狮王争霸赛现场

图 4-65 2018 年沙井蚝情广场舞台

图 4-66 2018 年 2018 人体多米诺骨牌争创世界纪录

表 4-1 近 5 年(2014—2018)钦州蚝情节基本情况

时　间	主题/特色	内　容
2014 年 10 月 31 日至 11 月 3 日 (11 月 3 日后有部分活动还在继续)	"钦州味道,让舌尖知道"打造钦州大蚝、钦州坭兴陶及茅尾海国家级海洋公园三张亮丽名片,使得鲜为人知的钦州大蚝、养在深闺人未识的坭兴陶及中国最大的内海茅尾海开启一扇走向世界的窗口。	1. 2014 钦州蚝情节开幕式(结合 2014 亚洲水上摩托公开赛中国·钦州总决赛开幕式一同进行)与闭幕式;2. 钦州美食一条街暨北部湾旅游商品展;3. "蚝王争霸"第二届钦州创意蚝菜评比活动;4. 第四届钦州市群众文化艺术节;5. 中国—东盟狮王争霸邀请赛;6. 亚洲水上摩托公开赛钦州站和沙滩啤酒音乐节;7. 钦州蚝情节沙雕展活动、"钦州茅尾海"摄影大赛;8. 陶艺大赛:第六届中国美术陶瓷技艺大赛雕刻比赛(钦州赛区)、广西工艺美术大师坭兴陶精品创作工程大赛、第四届中国(钦州)坭兴陶精品展、大学生陶艺作品比赛;9. 2014 "圆梦北部湾"秋季房博会:消费购物节、第一届"圆梦北部湾"房地产博览会暨 2014(钦州)消费购物节开幕式、2014 北部湾房地产高峰论坛、"圆梦北部湾"房地产巡展。
2015 年 11 月 3 日至 11 月 22 日	挖掘出具有钦州特色的"十八道蚝味"	1. 乐游广西(钦州)冬季推广暨蚝情节系列活动开幕式、闭幕式;2. 沙滩音乐美食嘉年华暨美食一条街活动;3. 广西旅游风采秀;4. 广西旅游线路宣传推广展与广西特色旅游商品展示;5. 钦州"蚝情盛宴"蚝菜系列活动;6. 2015 亚洲水上摩托公开赛中国·钦州总决赛;7. 2015 年钦州"蚝情节"公路自行车邀请赛;8. 2015 年中国—东盟(钦州)狮王争霸赛;9. 全市重大项目集中签约活动;10. "风情钦州"——钦州风光风情摄影艺术展暨中国最美内海摄影大赛;11. 首届"坭兴杯"中国(钦州)陶瓷技艺创作大赛;12. 首届钦州坭兴陶精品创作展;13. 首届"陶园杯"钦州市青少年书画陶艺创作比赛。

时　　间	主题/特色	内　　容
2016 年 12 月 1 日至 12 月 4 日	缔造了广西的"三个第一"：第一次最美内海帆船赛、第一次放飞 2016 米大型长龙风筝、第一次将沙雕与灯展结合展出。	1. 第二届"坭兴杯"中国名陶技艺大赛拉开本届蚝情节帷幕；2. 金秋购物街暨"印象钦州"线下产品体验；3. 中国—东盟钦州狮王争霸赛；4. 两广城市旅游合作钦州联席会议；5. 2016 年蚝情节开幕式；6. 房地产交易博览会；7. 商埠布衣集市开市；8. 蚝情盛宴风情美食展；9. 茅尾海国际帆船邀请赛；10. 中国公路自行车(钦州站)巡回赛；11. 钦州滨海之夜嘉年华系列活动。
2017 年 12 月 1 日至 12 月 28 日	历届蚝情节中活动最多、时间最长、国际赛事最多、重量级专家学者和明星参与最多的一届蚝情节	1. 水产类：中国蚝业发展高峰论坛开幕式进行、大蚝产业招商推介会(含大蚝体验活动)、中国蚝业发展高峰论坛；2. 旅游类：蚝情风尚街；3. 体育类：全国跳绳联赛(广西钦州站)、全国风筝精英赛总决赛暨 2017 年首届中国—东盟风筝邀请赛；4. 商贸类：钦州市汽车博览会；5. 文化艺术类："大美钦州"摄影大赛、中国—东盟(钦州)国际微影像节影视文化产业高峰论坛、广西坭兴陶艺(旅游工艺品)设计大赛
2018 年 11 月 24 日至 12 月 2 日	蚝情庆丰收·欢乐在钦州，全方位展示和宣传钦州的区位、生态、人文、旅游等优势，形成以蚝情节为切入点的滨海特色文化旅游活动。	1. 蚝王争夺赛。2. 钦州名特优农产品展；3. 旅游类活动：举办 2018 人同时吃大蚝，2018 人体多米诺骨牌两个争创世界纪录的项目；4. 欢乐嘉年华系列：文艺演出、模特秀、街头竞技、气泡足球、主题动漫展、汽车展等；5. 三娘湾渔家体验系列活动；6. 钦北区望海岭滑翔伞基地举办滑翔伞主题系列活动；7. 畅游钦州活动，蚝情节期间全市所有景区景点免门票开放；8. 体育赛事类的活动：钦州市体育中心举行的"2018 中国—东盟(钦州)狮王争霸暨夜光龙邀请赛"，邀请新加坡、马来西亚、越南等 16 个国家和地区龙狮团；9. 商贸类、文化艺术类活动："海洋宝贝"稻草艺术展、广西坭兴陶大师优秀作品展览、安州商埠和钦州特色商品展销活动。

第二节　防城港市实习点介绍

一、自然景观

广西十万大山国家森林公园位于防城港市上思县南部，是广西南部最高的山地，属南亚热带季雨林气候。十万大山位于中越边境地区，是我国唯一既沿边又沿海的山脉。

①历史文化

十万大山群峰连绵，登高远眺，像一群大象在奔跑，因而民间流传着这样的传说。相传这里原为平地，百姓安居乐业，然而不知何故得罪了海龙王，惹起龙王发怒，调动虾兵鱼将，掀起万丈狂澜，肆虐这方土地，良田被淹没，民不聊生，生灵涂炭。天上有一位神仙有心拯救民众，星夜兼程赶往北方，搬来十万大山堵住海水、镇住妖孽。神仙巧施法术，把十万大山变为十万头大象，浩荡南下。一头头奔走的大象最后变成了形似奔驰的山峰，这就是十万大山。

十万大山是上思县与防城港市之间的天然分界线和屏障。古代两县的民众就有密切接触，由于当时交通条件限制，两县百姓主要是通过步行山间小路来往经商，因而在十万大山至今仍保留几条完整的古栈道，古栈道多建于明清时期，路用石板砌成，宽1米~1.5米，共经十几个主要的隘口。该栈道是古代南方"丝绸之路"和"兵家必争"之地。

1949年12月到1951年4月，国民党"越桂边反共救国军""粤桂南区反共救国军"2500多名土匪与人民为敌。人民政府和人民解放军开展了声势浩大的剿匪反霸斗争，留下了许多可歌可泣的剿匪故事。我国著名的电影《虎胆英雄》（图4-67）就是在这里拍摄的。中央电视台10集电视连续剧《神水奇缘》外景也在原始森林中拍摄。

图 4-67　虎胆英雄雕像

②民族风情

十万大山长期以来居住着壮、瑶、侗等民族。瑶族分布最广，在山峦起伏的十万大山里，镶嵌着众多的瑶族山寨。瑶族有花头瑶、大板瑶、细板瑶、山子瑶（过山瑶）等，其中花头瑶分布在防城的多个乡镇，峒中的那逢、板沟，那良的六市、大勉，那梭的马蹄，上思的叫安乡等。瑶族山民背靠高山，面临陡坡，以竹木扎屋，用竹筒引水，穿黑衣蓝裤，戴秀巾珠串，显得既朴实又华丽。瑶族同胞不仅勤劳勇敢，更能歌善舞，热情好客。游人到来后，他们以歌代言，跳起古朴的瑶族舞蹈，唱起悠扬的瑶族山歌，用自酿的甜酒、白酒和别有风味的山中野菜热情招待客人。

阿宝节是瑶族最热闹的传统节日之一，每年的农历三月三、三月四，瑶族男女青年欢聚一堂，对歌传情、互赠爱物、跳盘王舞快乐抢亲。瑶族有"瑶不离鼓，以鼓认宗"的说法。由于长期迁徙过程中受到不同特质文化的影响，瑶族的宗教信仰也较为多元化。其中过"盘王节"、信奉道教是他们最主要的文化特征。大多数的瑶族同胞崇拜祖先"盘瓠"，并有过"盘王节""还盘王愿"的习俗。在"盘王节"上，瑶族同胞主要通过"跳盘王""打长鼓"等活动来缅怀祖先，祈求安康。其中，打长鼓是瑶族文化中最活跃的因子，也最能体现瑶族文化的民族特色。

③经济发展

十万大山生态旅游是上思县水源林保护区的重要组成部分，介于东经107°48′40″~107°56′15″，北纬21°50′5″~21°35′30″。十万大山生态旅游区总面积为8810公顷，其中主体部分在红旗林场，总面积为2037.2公顷，森林覆盖面积为1749公顷，森林覆盖率达85.9%，自然环境优良。这里距离广西首府南宁市136公里，距离上思县城36公里。十万大山地处桂林—南宁—防城港—越南跨国旅游的黄金线路上，不仅交通便利，可进入性好，更是防城港"上山、下海、出国"大旅游格局"上山（十万大山）"的重要景区。

二、人文景观

(一) 现代工程建筑

1. 地标建筑——龙马雕像、边陲明珠与跨海大桥

城在海中，海在城里是防城港市最独特的地缘优势之一。其依托着巨大的港口和物流优势，已发展成为我国沿海的主要港口之一，被称为西部地区第一大港。防城港市以开放包容的大港形象，完善的港口物流体系、发展迅猛的临港工业、类型多样的滨海旅游、富有民族特色的海洋文化等优势，发展成为服务西南、中南地区开放发展的战略支点。防城港市海运网络覆盖全球，港口年吞吐能力过亿吨，与全球170多个国家和地区有着贸易往来关系。另外，防城港市以东兴国家重点开发开

放试验区为主要平台的改革创新取得了丰硕的成果，创造了多项第一。如第一个人民币与越南盾兑换特许业务试点、第一个东盟货币服务平台、第一家跨境保险服务中心、第一笔经常项目跨境外汇轧差净额结算业务、2014 年度首批进境粮食指定口岸等，以及第一个启动注册资本登记制度改革、第一个推行权力清单试点、第一个外国籍自然人经营户登记管理试点等。

防城港龙马明珠广场位于西湾跨海大桥西面桥头，地处防城港市环西湾景观带的咽喉要位，占地 4.6 万平方米，工程整体由北面的明珠广场和南面的龙马广场两部分组成。主雕塑白龙马的四周分布着大小不一的附属雕塑，与北面广场的主雕塑遥相呼应。巨大的边陲明珠和一路之隔的龙马遥相呼应，相得益彰。可以说龙马明珠是防城港市的地标建筑，也是当地海洋文化的标志和蔚蓝文化的图腾。

龙马广场于 2012 年 12 月动工，2013 年 11 月建成，呈半圆造型。广场中心是一座白龙马雕塑(图 4-68)，高 19.93 米，寓意防城港建市于 1993 年。龙头马身仰天长啸、高大威猛、腾空奋蹄，寓意着防城港作为北部湾经济发展的龙头与桥头堡，需要秉承健旺非凡、昂扬奋发、自强不息的龙马精神。龙马精神是中国传统文化中一种民族精神的象征。《尚书》载："伏羲王天下，龙马出河，遂则其文以画八卦。"《汉书》曰："龙马者，天地之精，其为形也，马神而龙鳞，故谓之龙马。"龙马雕像四周分布着大小不一的附属雕塑，有海螺、贝壳、仙女接月等，惟妙惟肖，形神兼备，充满了海洋文化的气息。

明珠广场在龙马广场对面，镶嵌着"边陲明珠"的"龙珠坛"(图 4-69)，属二龙戏珠，是广西北部湾最雄壮美丽、最具有标志性的雕塑之一。现已成为防城港的标志性人文景观。龙坛珠高 12.88 米，直径 8.99 米，由 230 块选自著名石都福建惠安花岗岩经精雕细凿相缀而成。龙珠对着防城港，寓意防城港将含着龙珠腾飞；龙珠上的火焰，寓意众人拾柴火焰高，众志成城，开拓创新发展社会与经济。站在明珠广场上可以俯瞰防城港码头，环顾城市万家灯火。

图 4-68　龙马明珠广场

图 4-69　防城港市地标建筑——边陲明珠

而防城港明珠广场见证了西南第一座跨海大桥（图 4-70），东起渔万岛，中跨龙孔墩西接黄帝岭，全长 1600 米。"跨海大桥"建于 2003 年，坐落于防城港西湾，所以当地人也称它为"西湾大桥"。大桥将防城港至边陲东兴 70 公里的距离缩短为 40 公里，南宁至防城港高速公路可直达边关。

图 4-70　防城港跨海大桥

2. 港口与灯塔

防城港始建于 1968 年，当时是援越抗美的海上隐蔽运输航线。1970 年初，防城港建成 2000 吨级浮动码头一座，500 吨级小型货轮浮动码头两座，码头仓库 3 座等第一批港口设施。作为中越海上运输航线的主要起运港，防城港自 1972 年 8 月 1 日正式担负起转运援越物资的角色，直到 1973 年 4 月中越两国政府商定终止中越海上隐蔽航线。历时 9 个多月，中国通过这条隐蔽的海上运输线为越方输送战备物资 16.18 万吨，为支援越南人民独立斗争作出了重大的贡献。防城港因此也被誉为"海上胡志明小道"的起点。1975 年 3 月，广西第一个万吨级泊位——防城港 1#泊位建成，结束了广西海岸线没有万吨级泊位的历史；1983 年 7 月，国务院批准防城港对外国籍船舶开放，为国家一类口岸；1986 年 12 月，一期工程 5 个万吨级泊位竣工的同时，与南防铁路顺利接轨；1987 年防城港全面投入营运。经过几十年的发展，1990 年港口货物吞吐量 200 多万吨，到 1996 年首次突破 500 万吨；2001 年突破 1000 万吨，2005 年超过 2000 万吨，2014 年吞吐量突破 7000 万吨，达到 7753 万吨。截至 2017 年 8 月防城港市有生产性泊位 43 个，其中万吨级以上泊位 33 个，10 万吨级以上泊位 8 个（其中 20 万吨级泊位两个）。拥有铁矿石、煤炭、粮食、硫磷、液体化工等十个专业化码头和 5 个集装箱泊位。港区总面积近 17 平方公里，码头岸线 10.2 公里，仓储面积约 680 万平方米，一次性仓储能力超过 1600 万吨，年吞吐能力 1.5 亿吨以上，其中集装箱通过能力超过 200 万标准箱，铁路运输能力 3500 万吨。经过多年的发展，防城港已建成一批大型的铁矿石、煤炭、硫磺、粮食、化肥、液体化工等货种的专用仓储和装卸船系统，是国家重要的建材进出口基地、粮油加工基地、煤炭储备配送中心。

防城港是以货物运输为主的大型港口（图 4-71），为广西第一大港，华南第三大港。港口位于江山半岛与企沙半岛之间，水面开阔，航道深，风浪小。港口东侧的企沙半岛上建有我国第二大导航灯塔（图 4-72），灯塔高 30 米，能够照射到 33 海里以外的海域。

图 4-71　防城港港口码头一角

图 4-72　防城港导航灯塔

3. 东兴口岸

1992 年 8 月经广西壮族自治区人民政府批准成立东兴开发区，开发区包括国务院 1992 年 9 月批准建立的 4.07 平方公里的边境经济技术合作区。目前东兴开发区辖东兴、江平两镇，面积 3724.07 平方公里。

东兴口岸有汉、壮、京、瑶等世居民族。不同的民族聚居使得东兴具有较强的文化包容性，民族融合也成就了东兴口岸丰富多彩的民族文化。在当地多个世居民族中，壮族、瑶族分别与越南的岱族、侬族为同根生民族，有较多相似的语言文化和生活习俗。此外，东兴是中国京族文化的独一无二的起源地和传承纽带，也是东兴口岸特有的文化特色。

东兴口岸是国门的象征，是中国唯一与越南有城市互为依托的国家一类口岸（图 4-73、图 4-74）。自对外开放以来，东兴每年出入境人数近 300 万，是中国第三大陆路出入境口岸，也是中越边境旅游最重要的口岸通道。东兴口岸位于东兴市繁华市区，通过中越北仑河大桥和越南芒街口岸连接，把中国东兴市和越南芒街市连成一体。目前，口岸完成的基础设施有口岸联检大楼、口岸验货场、口岸查验辅助用房、口岸接桥道路、口岸的绿化、亮化等，其中口岸查验大厅面积 2500 平方米，查验通道 24 条（其中自助查验通道 8 条），通关能力约 20000 人次/天，口岸时间为北京时间 8:00 至 21:00。

中国东兴与越南芒街的界河——北仑河，发源于十万大山深处，由西向东汇流入北部湾海域。北仑河口是我国海岸线的南起点，河流流域面积为 1187 平方公里，河长 109 公里，在我国境内流域面积 761 平方公里，其中自防城区范河村至东兴市为中越两国界河，界河段长 60 公里。按中越两国协定，河界不设分界标志，而以河水的最深处为界线。

图 4-73　东兴口岸大厅门前景象

图 4-74　东兴口岸侧向进门

4. 胡志明亭

胡志明亭(图 4-75)位于东兴口岸旁，为纪念 70 高龄的越南劳动党主席胡志明在 1960 年对东兴进行友好访问而建的。当地特将此亭称为"胡志明亭"。胡志明对东兴的友好访问，进一步沟通了东兴与芒街的政治、经济往来，促进了中越友好合作的不断发展。

图 4-75　胡志明亭

5. 国旗街

国旗街(图 4-76)位于东兴市城区新华路最南端，即东兴口岸一条街，街的两边都悬挂着鲜艳的五星红旗。国旗街上有不同建筑风格的商铺买卖东南亚的商品，其中有越南、泰国、印尼等东南亚国家的食品、衣服、鞋等。如今东兴口岸国旗街已经成为旅游的重要景点之一，也是来往游客购买东南亚特产的集中购物中心。东兴国旗街于 2001 年正式组织建设，乡镇街道和旅游景区统一标准张挂国旗。国旗街 20 世纪 90 年代末在东兴口岸最早形成，据了解东兴口岸做生意的边民在越南进货时发现越南芒街的口岸街道在越南国庆日有张挂国旗的习惯，于是回来后也开始每家每户张挂国旗，形成了现今东兴口岸的国旗街。

图 4-76　东兴国旗街

(二) 文化游乐

东兴作为我国一类口岸，是通向越南及东南亚最便捷的通道，20 世纪 90 年代就有"小香港"的美称(图 4-77)，对外商埠已有 400 多年的历史。历史上东兴是两国三省(中国的广东、广西和越南的广宁)的会合部，是中国与东南亚各国通商的重要口岸。早在 100 多年前东兴就与越南芒街进行了互市贸易。

芒街的区位优势和自然资源与东兴相似。为了充分利用芒街的区位优势，扩大越南的对外开放，促进越南经济的发展，越南在 1994 年 10 月批准芒街为"口岸经济区"(即自由贸易区)，越南政府将对芒街实行货物、人员、资金进出口自由的特殊优惠政策。

中越国际商贸旅游博览会前身是"中越边境商交会"，是东兴口岸塑造良好国家形象的重要形式之一。2006 年 4 月，东兴市人民政府与越南芒街市人民委员会在越南河内签署《联合举办"中越边境商贸·旅游博览会"合作协议书》，协议规定自 2006 年起每年轮流在东兴、芒街两市举办"中越边境(东兴—芒街)商贸·旅游博览会”，其目的是中越双方共同合作为两国企业搭建一个“展示、交易、交流、合作”的平台，促进共同繁荣和发展。

图 4-77　东兴万众国际贸易中心

(三) 历史古迹

防城港历史悠久，历史文化底蕴深厚。远在新石器时代，已有先民在此生息、繁衍。秦始皇统一岭南后，归秦所设象郡所管辖。元、明、清时隶属钦州或廉州。1955 年 7 月至 1965 年 7 月归广东管辖。1965 年，划归广西。1993 年，设立防城港市(地级)。防城港市的历史文化古迹遗址主要有大清国一号界碑、大清国五号界碑、唐代潭蓬运河遗址、清代的白龙古炮台群和石龟头炮台军事遗址、杯墩贝丘遗址、交东七彩贝丘遗址、那琴烽火台标志及抗美援越时期的“海上胡志明小道”战争遗址、恐龙化石、罗浮天主教堂等。但是部分遗址已遭到不同程度的破坏，如潭蓬运河的标志不明显，标志碑已经破损；那琴烽火台标志遭人为毁坏；白龙炮台亦是年久失修。

1858 年法国发动对越南的侵略战争，1862 年、1874 年法国先后迫使越南签订了第一次和第二次《西贡条约》。至 1884 年又签订了《顺化条约》，越南承认法国对越南的“保护权”。从此，越南完全沦陷为法国的殖民地。1885 年 6 月 9 日，清朝政府与法国签订了《天津条约》(《中法会订越南条约》)，承认法国是越南的“保护国”，放弃对越南的宗主权，结束了中国与越南的“藩属”关系。该条约第三款规定：“自此次订约画押之后起，限六个月期内，应由中、法两国各派官员，亲赴中国与越南北部的交界处，会同勘定界限。”若遇到界线难于辨认的地方，便在此地设立标记，以明确界限的位置。1885 年 11 月至 1894 年 5 月。通过期间签订的《中法越南条约》《中法界务专条》《广东越南第一图界约》《广东越南第二图界约》《广西中越东路立界图约》《中法桂越条约》完成了对中越陆地边界的定界和立碑。从东兴

111

竹山至防城与宁明交界处，为广东钦州界(当时钦州属于广东管辖)；自平而关(现广西凭祥市)由西向东至吞仓山(现广西崇左宁明)为广西东路；自平而关由东向西到那坡县(现广西百色市)与富宁县(云南省文山壮族苗族自治州)交界处为广西西路。全长637公里，广西段实际共立界碑245块。大清国钦州界界碑在广西境内共有33块，其中东兴市内共有8块。

界碑常以河道、陆地为国界，河道与陆地国界碑文刻字的表意也不同。以河道为界，单面刻字，预示界碑外侧的水域还有一部分为我国领土，如大清国五号界碑；若以陆地为界，以山岭为界则双方共立一个界碑，一面为我国，一面为他国。大清国钦州界界碑在东兴市内共有8座。

1. 大清国一号界碑

大清国一号界碑(图4-78、图4-79)为第七批自治区文物保护单位，是东兴市爱国主义教育基地之一，位于广西东兴市竹山村景区内。竹山村以盛产竹子而得名，位于我国海岸线的西南端，与越南芒街隔江相望。大清国一号界碑是用坚硬的海石凿成，由清界务总办四品顶戴钦州直隶知州李受彤于光绪十六年(1890)所立。界碑高1.7米，宽0.7米，厚0.4米，上面用正楷字体刻着"大清国钦州界"，是中国大陆海岸线的起点(图4-80)。另外，此地亦是我国沿边公路的起点——零点坐标(图4-81)，零点沿边公路起点为东兴市东兴镇竹山村，终点为百色市那坡县的弄合村，途经东兴市、防城区、宁明县、靖西县、那坡县等8个县，全长为72.5公里。

图4-78 北仑河——大清国钦州界(一)

图4-79 北仑河——大清国钦州界(二)

鸦片战争后，法国侵占了越南。清朝政府与法国几次交战后，于1885年6月9日和法国在天津签订《中法越南条约》，承认法国占领越南。条约规定，两国边界自竹山起，沿北仑河自东向西，以河心为界线。1886年11月至1888年5月间，清

图 4-80 中国大陆海岸线起点标志碑

图 4-81 零点坐标

政府代表邓承修与法使(越南当时已被法国殖民军占领)会勘疆界。开始,法使仗势欺人,要将白龙半岛的一半划出中国,在白龙半岛上竖埋大清国第一号界碑。但在邓承修正气凛然、据理力争的坚持下,终将起界定在竹山,维护了国家的主权。

2. 大清国五号界碑

防城(清时辖东兴)与越南边界全长 200 多公里,全段以石碑为标志,立碑 1 至 33 号。立在口岸上的为大清国五号界碑(图 4-82),其位于东兴口岸街尾,是清光绪十六年(1890)钦州知州李受彤所立。在这里可以看到连接中越两国的大桥——中越友谊大桥,河的对面便是越南芒街。石碑见证了东兴一百多年的历史,至今依然保存完好,2017 年纳入第七批广西壮族自治区文物保护单位,距离大清国五号界碑 400 米左右,是现代界碑(图 4-83)。

图 4-82 大清国五号界碑——位于东兴口岸街尾

图 4-83 现代界碑

3. 潭蓬古运河

潭蓬运河(图 4-84)位于防城区江山镇潭蓬村，又称"天威遥""仙人垄"，全长约 10 公里。海水涨潮时运河可通航，从中间穿过江山半岛，连通北部湾。不仅沟通潭蓬湾和万淞港，也使防城港和珍珠港相连，是我国唯一的海上古运河。由于运河所经过的地方全是海石结构的丘陵，工程量浩大，在古代实在难以开凿，因而被称为"仙人垄"。1982 年被定为自治区级文物保护单位。2017 年 3 月 15 日潭蓬运河试掘工作正式启动，发现大量唐、宋、元、明、清各个时代的文物。经过挖掘原始河道开凿面已呈现出来，并出土大量陶瓷片标本。

据民间传说和一些古籍史料记载，潭蓬运河始开凿于东汉马援南征时。但由于岩石遍地，工程艰巨，加之征事紧迫，无暇兼顾，不得已半途而废。相隔 818 年之后直到唐咸通七年(866)，才由都督高骈募工正式开挖。据五代人孙光宪的《北梦琐言》记载，唐代咸通年间(860—874)安南节度使高骈募工开凿。运河凿通后，往来船舶不必绕过江山半岛而直通防城、珍珠两港湾，不但缩短了 15 公里的航程，而且避开了江山半岛南端白龙尾的巨浪搏击和海盗的袭击，使船舶安然航行。《唐书·高骈传》中提到，蓬莱运河通航后，往来"舟楫无滞，安南储备不乏，至今赖之"(蓬莱运河开通后，船舶没有因受堵而停滞，安南地区储备物资至今依然可以依赖使用)。自 10 世纪起，安南独立，与宋朝战事不断，边界多次受到侵扰，因此运河就逐渐被废弃了，只留下潭蓬水库一段。

图 4-84 唐代潭蓬运河遗址

4. 白龙古炮台

2006 年 5 月白龙古炮台群纳入连城要塞遗址，和友谊关一起列入国家级文物保护单位，位于白龙尾半岛南端临海的四个小山包上，分别筑有龙珍、白龙、银坑、龙骧四座炮台，总称白龙炮台。四座炮台均安放铁炮和设置弹药库、地道、兵舍等设施，结构形式相同，平面呈半圆形；长 13 米，宽 9.3 米，炮台四壁碎石砼结构，高 0.8~1.7 米，厚 1.4 米，池底中央设炮位，安放铁炮。其中白龙台和银坑台为双炮台，各安放铁炮 2 门，龙珍台和龙骧台为单炮台，各安放铁炮 1 门。炮台后面山脚处挖坡修筑地道，将兵舍、炮台、弹药库连接起来，构筑了一道坚固的防御工事。四座炮台在半岛前呈弧形排列，互相呼应。炮台扼制了北部湾水道进入防城、东兴的咽喉，守护防城江口、北仑河口。白龙炮台和位于县城西部边境沿线咽喉的那梭炮台一起，与越南隔海相望，组成了一个较为完整的沿海防御体系，国防位置相当重要。

其中称为白龙的这座炮台设在山丘的顶上，至今保存完好，炮座为深约 1m、半径 5m 的半月形露天水泥结构，炮座底下为深 6m 的地下兵库和弹药库，每座炮台装备英国制造的火炮 1 至 2 门。与企沙石龟头炮台互相呼应，故有"龟蛇守水口"之称。在白龙炮台正门上刻有"光绪二十年仲夏月吉旦，白龙台，署海口营恭府管带琼军右营陈良杰督建"字样（图 4-85、图 4-86）。

法军于 1883 年曾入侵白龙尾半岛一带骚扰，中法战争后，法军再度入侵白龙尾及万尾、江平等沿海地方，烧杀掳掠无恶不作。据说清军和当地群众曾在沙坳岭（又称番鬼岭）的地方和法军侵略者展开了激烈的战斗，打死法军无数。直到 1886 年法军才撤出白龙尾。清政府为巩固海防，光绪十三年（1887）由张之洞亲自率部到东兴、竹山、江平、白龙尾勘察选址，决定在白龙尾修建炮台，由海口营管带陈良杰督建，光绪二十年（1894）修成。

图 4-85　白龙炮台遗址大门

图 4-86　白龙炮台

5. 贝丘遗址

贝丘遗址是以富含古代人类食余抛弃的贝壳为特征的一种文化遗址。西方学者所谓"厄厨垃圾堆"，日本学者称之为"贝冢"。贝丘遗址是人类认识海洋和利用海洋的珍贵历史实物资料。其大多属于新石器时代，有的则延续到青铜时代或稍晚。距今 6000～9000 年。这类遗址在广西境内有广泛分布，从岩溶洞穴到河旁台地、海滨，都有发现。贝丘遗址多位于海、湖泊和河流的沿岸，特点是处于临海的山岗上，有的浸泡在海潮的小岛上，高出附近海面约 10 米。一般贝丘遗址前面濒临水域，背依靠山体，附近是淡水与海水的交界区域。在贝丘的文化层中夹杂贝壳、各种食物的残渣以及石器、陶器等文化遗物，还往往发现房基、窖穴和墓葬等遗迹。由于贝壳中含有钙质，骨角器等往往能保存完好。根据贝丘的地理位置和贝壳种类的变化，可以了解古代海岸线和海水温差的变迁，对于复原与研究当时自然条件和生活环境也有很大帮助。

其中广西海滨贝丘遗址分布于北部湾畔，集中在防城港市，钦州、北海也有发现。其中防城港七彩贝丘湾景区中的贝丘遗址是目前保存较完好，且作为旅游资源——大型农家乐进行开发。

七彩贝丘湾景区（图 4-87、图 4-88）位于防城港东兴市江平镇交东村。贝丘遗址是 1958 年春，当地村民在山脚建牛栏挖墙基时发现的。1960 年由中国科学院古脊椎动物与古人类研究所的著名考古学家贾兰坡先生与广东省博物馆的考古专家莫稚等进行调查和试掘。1981 年被列为自治区重点文物保护单位。从遗址的时间来看，大约在距今 1 万年前就有人类开始在北部湾进行海洋捕捞、海岸开拓等生产活动。这也是较早人类海洋活动与海洋文化的遗迹。由于山上堆积大量贝壳，以蚝壳居多，杂有泥蚶、白螺、网锤等先民遗物，并被一层表土及植被覆盖，当地人称之"蚝壳山"。

图 4-87　七彩贝丘遗址——观海长廊

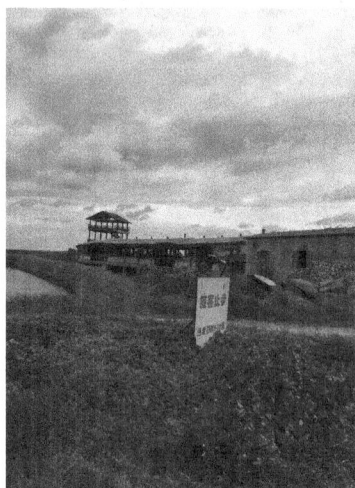

图 4-88　贝丘遗址一角（房屋的右下角）

第三节 北海市实习点介绍

北海这个名字源于宋代，是指在南海的北部之海，素有南海"大蓬莱、小蓬莱"之美称。北海市位于北部湾东北角，地处南亚热带，冬无严寒夏无酷暑，气候十分宜人。加上其三面临海，空气中负氧离子丰富，阳光充沛，是全国光热和水资源最丰富的地区之一。作为国家历史文化名城和中国优秀旅游城市，优越的气候环境使其全年都具备良好的旅游和疗养的条件。

一、自然景观

1. 涠洲岛

涠洲岛（含斜阳岛）是中国最大、地质年龄最年轻的古火山海岛，位于北部湾东南方向，与广东雷州半岛隔海相望，与海南、越南遥相呼应。涠洲岛中心经纬度为 109.10°E、21.04°N，海岛陆地面积为 26.88 平方公里（其中斜阳岛 1.89 平方公里），海岸线总长 26.6 公里，岛上居民 16000 余人，距北海市 37 公里。目前为乡镇建制，岛上设有县级建制的涠洲岛旅游区管委会。

涠洲岛是北海的核心旅游景区，集海外宗教、自然风光、人文景观、客家民俗风情、妈祖文化为一体的旅游休闲度假胜地。文化的多元性是涠洲岛拥有不可多得人文景观资源的条件。

2. 历史文化

涠洲岛在汉朝时从属于合浦郡，到唐朝和宋朝时属雷州巡检司，元朝时期建立了涠洲巡检司，明朝初期属雷州府。万历六年（1578），雷州上有移民来到岛上开荒耕种，1600 年游击署迁移到合浦县的永安所，从此以后，涠洲岛便在雷州和廉州两个政府的共同军事与行政管辖之下。涠洲岛因处于"海上丝绸之路"的航线上，是航船在航行中一个不可或缺的停泊站及补给所。从秦汉到宋朝以前，还没有人在涠洲岛上定居垦荒。涠洲岛只是作为航海商人或采珠人路过暂歇之地。直到明朝，1390 年，岛上才开始有合浦一带的客家人迁移到此定居，此后陆续有广东、福建、合浦等地的人也迁移到了岛上。而到清朝初期，因郑氏集团的反清复明运动，清朝政府为切断大陆与台湾的联系而实行禁海封岛，涠洲岛上的居民三次被迫迁移，在这段时期内涠洲岛几乎被荒置，文化进程也随之中断了百余年。直到咸丰年间，才有因宗族械斗和战乱逃到岛上定居的客家人，不久清朝重新开涠洲禁，移民开始合法化，大量客家人不断迁入，形成了岛上以客家人为主体的人口族群。客家文化在涠洲岛上占据了稳定的主导地位。

3. 宗教文化

清朝涠洲岛开发期间，法国神父趁机上岛传教，修建了两座教堂。天主教文化便由此在岛上开始了传播、扩散并不断地发展壮大。天主教的宗教节庆活动也逐渐地成为涠洲岛独特的风俗节庆,每年(按阳历计算)天主教有四大节庆:复活节(春分月圆后第一个星期日)、圣诞节(12 月 25 日)、圣神降临节(复活节后第 50 日)、圣母升天节(8 月 15 日)。其中每年的圣母升天节是四大节中最为隆重的庆典。这一天岛上的天主教徒集聚天主教堂(图 4-89),村民盛装打扮,跳起特色的花鼓舞。几名小女孩们手拿鲜花欢乐舞动,彩旗挥舞,鼓乐相奏,圣母在热闹的鼓乐和舞蹈中由 4 名少女缓缓抬出,被长长的鲜花、彩旗、花鼓队伍簇拥而行。从天主教堂开始,沿盛塘村游行一圈,每家每户都在家门口守候着,当圣母经过家门时,便引放鞭炮迎接圣母的到来,场面热闹非凡,游行持续大约一个半小时,整个村庄都沉浸在鼓乐鞭炮的热烈节庆氛围中,游行结束后各家各户团聚家中吃节日的晚饭,晚上相伴到天主教堂看文艺晚会,游客在这一天可以跟随游行队伍尽情体验天主教的节庆文化。

图 4-89 涠洲岛天主教堂正门

4. 妈祖文化

涠洲岛上的客家渔民大多信仰妈祖文化,图 4-90 是涠洲岛妈祖庙正门。每年阴历 3 月 23 日(妈祖的生日)三婆庙都举行隆重的祈福祭祀活动。岛上渔民会举行庆祝活动,感谢三婆保佑渔民出海平安与丰收,当地人称为"还福"。此外,三婆出游是三婆庙最盛大的庆祝活动,出游活动每三年举办一次,届时有道士念经、做法事,还有上刀山下火海和舞龙队的表演等,活动持续三天,热闹非凡。

图 4-90　涠洲岛妈祖庙正门

二、人文景观

(一)风土民情

1. 银滩疍家小镇

疍家又叫疍民、疍户,属汉族,不是一个独立民族,而是我国粤、桂、闽沿海地区水上居民的统称,是一个独特的民系。旧称"水上居民""船上人"或"船家佬"。疍家多分布在河流两岸及沿海地区。北海疍家民俗文化是北海民俗文化的重要组成部分,位于北海市银滩区银滩镇。小镇核心区域面积 1.08 平方公里。小镇前身为北海市最大的搬迁安置区,安置的白虎头、咸田两个村村民主要从事近海捕捞的工作。随着时间的变迁,北海疍家人迁居陆地,但以海为主的疍家民俗风情在当地依然保留着。疍家人由于曾经终年以船为家,漂泊海上,常年与风浪搏斗,险恶的生存环境和独特的谋生手段,又被称为"水上吉卜赛人"。疍家独特的生活方式和风俗习惯,其方言、服饰、信仰、婚俗和歌谣等别具一格。

2. 衣

疍家人由于长时间在海上漂泊,因此他们的服装具有海洋特色。服饰颜色多以蓝色蓝黑色或者黑色为主,服饰材质大多为布制,男女多穿着布裤,上身的袖子短、袖口宽,下身的裤筒宽、裤子短。整体朴素,方便劳作,耐脏。脚部一般不着袜,只用布带缠绕,便拆解,防湿防擦伤。另外,疍家还有一个颇具疍家特色的疍家帽,这是一种用竹片或竹条编制的斗笠,呈锥状,帽子里用一个竹兜固定,在对称的帽檐处用绳子系着,防风防雨,方便穿戴。服饰整体简洁大方,实用美观(图4-91)。

图 4-91　疍家服饰图

3. 食

疍家人以海为生，食材主要来自大海，海鲜自然就成为疍家人的主要食材。由于海上物资匮乏，疍家人对食材的处理少了煎、炸、酿等做法，但是不影响食物本身的美味。传统的水煮做法既保留了海鲜本身的鲜美，而且口感极佳。鱼肉柔软细腻，海虾鲜甜爽口。强劲的海风赋予了他们用风干保存食物的办法，将海鲜切好，摆在竹篓中，在阳光与海风的熏陶下静待美味的形成，传统的风干系列食品有虾仁干、海鱼干等。疍家人用自己的智慧将食物天然味道发挥得淋漓尽致、恰到好处。在北海外沙、侨港等地，都可以尝到地道的疍家传统美食。其中螺则是主要的疍家食材之一，下图为疍家妇女挖螺（图 4-92（a））、捡螺雕像（图 4-92（b））。

图 4-92(a)　疍家妇女挖螺雕像

图 4-92(b)　疍家妇女拾螺雕像

4. 住

曾经的疍家人以船为家，以舟为室，将海洋看作他们的"陆地"，可以说船艇就是他们的房子。疍家渔船风格各异，疍家人的船远远看上去像一个蛋，比传统的船稍微圆一点、短一点，大概呈椭圆形，装饰独特。小小的船"五脏俱全"，人可以在船上做饭、娱乐等（图4-93）。但随着城市化进程的发展，疍家人被逐渐陆化，开始在陆地上搭建房子，即"疍家棚"。"疍家棚"非常简单，首先从外观上看，疍家棚上为锥形，用竹瓦或油毛毡做棚顶；下为圆形，用木板或废旧船板围成（体现了疍家人充分利用资源，不浪费的生活作风），具有海洋风情。其次从内里看，疍家棚分为正厅及会客室，只有一个较小的窗口，用以通风透气。

图 4-93　疍家木船

5. 婚俗

"水上婚礼"是疍家传统民俗活动中最具特色的一道风景。疍家婚礼是在海上的渔船举行的，疍家青年男女在结婚时，男方用疍家渔船迎娶新娘，新娘在新郎还没有到时，先在家里举行仪式祭拜河神。男方在祭拜的同时，新娘就邀请姐妹和亲戚朋友举行"摆歌堂"。新娘开声唱"叹家姐"，疍家人常用它来表达自己对家人和朋友的不舍之情。当迎亲的船队到来后，双方会以咸水歌对唱。咸水歌唱结束后，男方送上"三书""六礼"，新郎方可接新娘上船。在接亲过程中，"玩媳妇"（"颠船"）也独具特色，接亲时，新娘艇上的疍家婆们使劲摇晃小船，颠簸不已，把新郎新娘弄得头晕目眩，向人们证明新郎新娘的海上劳作能力。

6. 节日祭祀

疍家人十分注重节日的仪式。作为汉族的一支，也过着汉族的节日，比如春节、清明节、端午节等。但是却有所不同，他们重视的是初二、十六，而不是初一、十五。特别是在祭祀的礼节上体现了深深的海洋情结。疍家人对神灵和祖先比较崇信，特别是神明的诞辰及祖先的生日，都要举行祭祀活动。北海疍家一年当中的主要活动分别有农历正月十五做平安、十六许福、二月初二社王诞、二月十九观音诞、三月初三北帝诞、五月十二关帝诞、五月十八龙母诞、十二月十六还福。每逢诞期，龙母庙都举行抬神游街、烧金猪、唱大戏、吃祭、行香等仪式活动。在祭祀期间，外沙、侨港等地的信徒香客云集龙母庙，疍家妇女唱起曲调悠扬的咸水歌，之后朝拜者纷纷向龙母像上香祈福，期盼新的一年家庭美满，出海丰收，祈求风调雨顺，国泰民安。

7. 音乐

北海疍家人的音乐活动就是唱咸水歌。咸水歌是疍家人在日常生活中哼唱的小曲，内容大多是歌咏男女恋情、唱叹生活艰辛等。咸水歌流行于外沙、侨港镇一带，歌节平稳，曲调悠长，是上下乐句多次反复的歌谣体，曲调随字定腔，叹唱的调式有"咸水歌调""叹家姐""叹故人"等。疍家歌曲不仅反映了疍家人的生活方式和生活情调，更有助于消除疲劳，拉近人与人之间的情感。《广东新语》中说道："疍人亦喜唱歌，婚夕两舟相合，男歌胜则牵女过舟。"咸水歌在疍家婚俗中有着重要的地位，是疍家婚礼不可或缺的一部分。

(二) 历史古迹

1. 合浦汉墓群

合浦意为"江河汇集之处"，2000 多年前的合浦已经成为郡治所在，是我国南疆的繁华都会，是"海上丝绸之路"的最早始发港之一。汉元鼎六年，西汉武帝在平定割据南越国后，把合浦重新纳入大汉王朝的版图，设置合浦郡，并开启了合浦作为海上丝绸之路始发港的历史，可远洋至南亚、西亚、东非多个国家。

秦汉时期盛行的厚葬，给合浦留下一个规模宏大的葬墓群。合浦汉墓群是目前国内保存完好，规模最大的汉墓群之一，对于研究汉代岭南政治、经济文化和海外交通史都具有非常重要的意义。1996 年合浦汉墓群列入全国重点文物保护单位。合浦汉文化博物馆里，海上丝绸之路文物精品展馆中陈列的物品反映了汉代合浦作为海上丝绸之路始发港深厚的历史文化底蕴，如图 4-94 为展馆正门。康洁丝路文化展馆介绍了汉代合浦三贤——马援(东汉伏波将军)、孟尝(东汉合浦太守)、费贻(东汉合浦太守)的光荣事迹(图 4-95)。

图 4-94　合浦海上丝绸之路文物精品展馆

图 4-95　康洁丝路文化展馆

　　合浦汉墓群是见证汉代海上丝绸之路繁华的历史印记。经考古工作者勘查，在今天合浦县城的东北和东南郊，地表现存墓葬封土堆 1056 座。根据历年来各墓区考古勘探与发掘的情况来看：有封土堆墓葬与无封土堆残存的墓葬，比例大致为1∶9。依此估算，合浦汉墓有近万座，是至今发现的全国最大汉墓群遗址。汉墓的随葬品星罗棋布于合浦的城郊区域，规模大、规格高。不仅可推断出合浦县城一带应是汉代合浦郡郡治和港口的所在地，也可以看出当时商家云集，市面繁华的景象。根据近年来研究发掘出土的文物发现，合浦在汉代不仅是对外贸易的前沿区域，也是军事活动和文化交流的活跃地带。

　　合浦汉墓葬群以其庞大的容量及其蕴含的广泛的社会元素和深刻的历史意义而被专家们称之为"岭南汉文化第一品牌"。其涵盖了两汉 400 多年间汉王朝开疆辟土的文韬武略。合浦汉文化博物馆 2008 年建馆时，藏文物 5200 余件，其中，国家一级文物 21 件、二级文物 177 件、三级文物 289 件。上万座汉墓中隐藏的不仅仅是社会发展的历史线索，还有大量的、丰富多彩的"历史谜团"，开发和研究这些"历史谜团"，就如启开一座巨大的"资源宝库"，这里面除了军事、经济、文化、政治、民族关系等历史课题的科研作用之外，更是极其宝贵的旅游资源，为合浦旅游事业的发展发挥强势的拉动作用。

　　2. 文昌塔

　　在合浦汉墓群对面，便是文昌塔（图 4-96）。文昌塔位于合浦县廉州镇南郊，建于明代万历四十一年（1613），取"丁火文明之义"，属风水塔。在古人眼里，南面方位属"火"。在南面立文昌塔，是期望文昌帝君护佑当地文明昌盛的意思。传说明代某一年，廉州（合浦旧称）来了个"番鬼佬"（当地人对外国传教士的蔑称）。据说这"番鬼佬"目光犀利，能看穿石头。一次，"番鬼佬"来到廉江边，一眼便看出水里有头大犀牛，马上意识到这是个灵物，并预感廉江因此日后必出大人物。为扼制廉州，"番鬼佬"便编造谣言说："河湾中的犀牛是个妖孽，不除去终有一天会祸害地方。"官府听其怂恿，便在廉江河湾旁山坡上建起一座酷似牛鞭的塔，像鞭子不断抽打犀牛，使之无法安生，只能逃往别处，廉州便少出俊才了。因此，合浦有人又将文昌塔称为"番塔"。

图 4-96　文昌塔

塔的平面呈八边形，为穿壁绕平座仿楼阁式七层砖塔，通高 35 米。塔基石砌，直径 10 米，塔身青砖里外三层砌筑，底径 8.41 米。占地面积 79 平方米。塔身逐层向内收分，每层高度亦逐层递减，各有佛龛 6 个，风门 2 个。墙面为抹灰"混水墙"，每层均以条砖叠涩出檐，八边转角均灰塑假角柱，涂刷土红色。为省级文物保护单位，为广西南部宝塔之冠，对研究古代文化艺术及建筑力学都有较大的价值。

3. 大士阁

大士阁（图 4-97）位于合浦县永安村内，俗称"四牌楼"。即明代"永安守御千户所城"中央。是明成化五年（1469）金事林锦创建的"鼓楼"。该阁由前后两座二层重檐歇山顶楼阁式建筑联结构成，平面呈长方形，面阔三间，进深八间，阁楼二层，以唐代后不多见的"承雷"做法衔接屋顶而连为一间；全阁由纵向四排 36 根柱子支承屋顶与梁架，前阁为穿斗式，后阁为抬梁式结合穿斗式；全阁木构件均采用当地出产的材质坚实的格木制作。加工粗犷，讲求坚固实用，如柱子的"梭柱造""侧脚""铺地莲花"柱础等，仍具有宋元建筑风格；屋脊上饰以灰塑圆雕和浮雕，有凤凰、二龙戏珠、鸟、树、奇花异草等浮雕等，内容非常丰富且具浓厚的生活气息。

其中主阁楼占地面积 397 平方米，坐北朝南。永安千户守御所城，是明代全国二十一处防御倭寇重镇之一，大士阁是该城内最高建筑，为报警指挥中心，在明代抗倭斗争中发挥了重要作用。大士阁不但具有重要的历史价值，而且具有很好的建筑技艺研究和观赏价值，是国家级重点文物保护单位。

图 4-97　大士阁主阁楼

第四节　广西其他地方人文景观资源

一、广西民族博物馆

广西民族博物馆于 2008 年建成开放，是国家一级博物馆。位于广西壮族自治区南宁市青秀区青环路 11 号。其不仅是中华人民共和国成立以来广西建设规模和投资规模最大的文化设施项目，更是全国建筑规模与展示面积较大、观众服务设施较为齐备的民族文化专题博物馆。

博物馆主体建筑外形取材于富有广西地域特色和民族特色的铜鼓（图 4-98），整个建筑如一只展翅的鲲鹏。馆内主要收藏和展示了广西汉、壮、瑶、苗、侗、仫佬、毛南、回、京、彝、水、仡佬等 12 个世居民族的传统文化，覆盖繁衍生存与融合发展的物证、文化与艺术遗存、典籍和研究成果。同时也收藏于展示广西周边省份各民族以及东南亚部分民族的文化、文物资料。

广西民族博物馆馆内常设 6 个基本陈列展览，主要包括广西各民族民俗文化的大型陈列《五彩八桂——广西民族文化陈列》、有着四十多年展示发展史的广西"经典"民族文物陈列《穿越时空的鼓声——铜鼓文化展》等。广西民族博物馆征集藏品5万余件(套)，其中收藏古代铜鼓345面，是目前世界上收藏铜鼓数量最多、类型最全的博物馆，也是重要的铜鼓研究基地。此外，在专题展厅中，包括四个主题。一是广西少数民族银饰展(银饰文物200件)，展示广西少数民族苗族、侗族、瑶族、壮族的银饰艺术及其工艺的文化内涵；二是广西少数民族织染绣展，展览织染绣精品文物90件(组)，展示广西各民族的织锦、印染、刺绣等工艺；三是壮锦精品展，展览精选80件(套)壮锦实物，通过壮锦的溯源、功能、图案、工艺四个方面解读壮锦文化；四是少数民族背带展，展览分别介绍了壮族、苗族、瑶族、侗族、水族、仫佬族的背带。图4-99、图4-100、图4-101为博物馆部分展示区，图4-102为学生参观博物馆现场。

图4-98　广西民族博物馆正门(铜鼓形)

图4-99　"四出"钱纹铜鼓

图4-100　铜鼓文化展厅

图4-101　宁明花山骆越文化的展示

图 4-102 博物馆一楼大厅——讲解员正在介绍博物馆概况

二、柳州工业博物馆

柳州位于广西中部,是一座拥有 2100 多年历史的古城。柳州自古工商业兴盛,是广西率先实现现代工业化的西江经济带核心城市,被誉为工业名城,可以说是一个深受工业文化、工业文明熏陶的城市。柳州工业开始于清末晚期的洋务运动,民国初期作为广西新首府的备选城市,桂系军阀在此建立大量现代军工及配套民用工业企业,从而形成了柳州工业独特的产业基础。20 世纪 50 年代末 60 年代初,在中央和自治区的扶持帮助下,十大工业项目在柳州落户,产业涵盖冶金、机械、化工三大工业体系,奠定了柳州坚实的工业发展基础。改革开放后,柳州致力于工业的发展与建设,经过不懈的努力,现已形成"三五四"即三大支柱产业(汽车、冶金和机械)、五个优势产业(化工、制糖、建材、造纸和日化)、四个新兴产业(新能源环保、机电一体化、新材料、生物制药)共同发展的工业格局。

在漫长的工业发展历史进程中,柳州为人类创造并留下了大量的工业遗产(工业产品与工业建筑)。工业遗产具有历史、建筑、科学等研究价值,是人类工业发展历程的见证与科技沉淀的足迹。但由于过去对保存工业文物遗产的意识淡薄,尤其是在战争、自然灾害、体制变革、企业转产或更新改造过程中,损毁或流失了大量有价值的工业历史文物。基于此,2009 年柳州市委、市政府作出了"文化建设十大工程"的重要决定,提出利用老厂房建设柳州工业博物馆的构想,最终决定在原市第三棉纺厂旧址上利用旧厂房改建柳州工业博物馆。柳州工业博物馆主要由"柳州工业历史馆""柳州企业风采馆""柳州生态宜居馆"3 个主题展馆及室外展区组成

（图 4-103、图 4-104、图 4-105、图 4-106、图 4-107、图 4-108 为工业博物馆部分展示区）。其中柳州生态宜居馆展示柳州自改革开放以来，经历环境污染的切肤之痛后，走上工业发展与环境保护同步推进的新型工业化道路，最终实现由"酸雨之都"向"宜居城市"美丽蜕变的历史过程。

图 4-103　柳州工业博物馆大厅

图 4-104　柳州工业历史图片展览长廊

图 4-105　木炭汽车——开创广西生产汽车的历史

图 4-106　绿皮火车书吧——时代的缩影

图 4-107　柳州解放牌卡车

图 4-108　柳州拖拉机

柳州工业博物馆对柳州工业发展的展示，可以折射出广西乃至中国工业化及改革发展的进程。其不仅填补了广西工业类博物馆的空白，且成为广西乃至全国第一家综合性工业博物馆。柳州工业博物馆是保护、传承、展示、研究柳州工业的重要平台，不仅展示了柳州百年工业从无到有、由弱到强的文化的魅力，更展示了柳州工业发展的巨大成就。其既展示了工业发展的历史成绩，也向公众展现随着科技进步而出现的各种工业产品与设备。

三、旧州古镇绣球村

绣球是广西靖西最具特色的民俗象征之一，有着悠久的历史文化传统。在不同历史时期，绣球承载着不同的时代内涵。其不仅彰显靖西地区的农耕文明特色，也反映了当地的社会经济、文化形态的变迁。

靖西地区是传统的水稻耕作区，农作物生产对人们生活生产至关重要。而壮族先民对农业的重视之情也体现在绣球的花色、样式与填充物上。传统的靖西绣球通常为四色十二瓣，分别代表一年四季和十二个月，与廿四节气对于农业生产的意义一样，是典型的农耕文明印记。为了凸显季节含义，有的绣球瓣上还会绣有牡丹、荷花、菊花、梅花等图案，用特色花卉标识春夏秋冬。此外其他图案，也多以祥瑞为主，和农耕社会人民的祈愿息息相关。如石榴、葡萄等植物纹样意喻多子，花鸟鱼虫的图案则体现自然和纯朴的民族风格。在颜色上采用以红、黄、橙或偏暖色色彩为主，加入少量的蓝、绿冷色，显得活泼、欢快。

关于靖西绣球的起源有两种说法。一种说它自产生之日起，就是求偶传情的信物。另一种说它起自原始社会，源于竞技活动，后发展为爱情信物。有学者认为广西绣球文化的产生，可追溯到原始社会，距今2000多年历史壮族古代的"飞砣"，其被认为是绣球最早的雏形，依据是广西崇左地区的花山壁画及其相关史料。有史料记载，这种飞砣是当时广西一带人们在作战和狩猎中经常使用的投掷性武器，由青铜铸造，类似于今天的链球。后来随着冶炼技术的提高及生产力的发展，铁、镍等金属先后成为制作飞砣的材料，逐渐代替了以石材和木材制作的飞砣。直到后来用绣花布囊成为制作飞砣的材料时，其用途发生巨大变化，由作战和狩猎中的竞技衍变成了茶余饭后的娱乐抛接，后又成为壮族青年男女表达爱情的信物。但也有学者则认为，绣球在宋朝一出现就是壮族青年男女求偶传情的信物，并引用宋人周去非的记叙加以佐证"上巳日（三月三），男女聚会，各为行列，以五色结为球，歌而抛之，谓之飞。男女目成，则女受而男婚已定"。无论哪种起源的说法，绣球在不同的历史时期发挥不同的作用，不仅从侧面反映当时人们的生活状态与需求，也承载着人们对美好生活的向往与憧憬。

靖西县新靖镇旧州村被誉为广西的"绣球之乡"，是民俗风情浓郁、人文历史悠久的壮民族聚居地，素有"壮族活的博物馆""中国民间文化艺术之乡""中国文化产业示范基地"之称。手工绣球是当地的特色，距今已有 1000 多年的历史。旧州原来是州城所在地，绣球工艺受汉族先进工艺文化影响较大。现全村仍有近 1000 人从事绣球生产（图 4-109），年产量 30 多万个，是远近闻名的绣球村，也是"堆绣"工艺存在的最后村落。绣球得以传承，主要是由于受到外来文化影响较少，且当地的壮家女青年有学习女红的传统。绣球工艺在壮族三月三歌节、壮族女性巧手持家的价值观以及花婆信仰等民俗文化、价值观、信仰中代代相承。随着社会的发展，纯手工制作绣球的比例逐渐下降。

图 4-109　世居旧州街的老人正在绣绣球

如今在靖西壮锦厂和旧州民间艺人的共同带动下，壮族绣球也开始成为一种可以销售的旅游商品。20 世纪 90 年代的文化产业开发中，在民歌产业化及旅游产业化的同时，绣球成为其中的一条产业链也开始走向产业化的发展形式，从而奠定了旧州"家家有手艺、户户是作坊"的格局。绣球生产产业已成为旧州壮族民众的生产方式之一。图 4-110、图 4-111、图 4-112、图 4-113、图 4-114、图 4-115 为旧州古镇部分景点与商品销售区。

图 4-110　旧州古镇建筑

图 4-111　旧州古镇的正门

图 4-112　壮音阁——三月三歌圩擂台，
屋顶的五彩绣球

图 4-113　旧州古镇生态博物馆

图 4-114　琳琅满目的绣品

图 4-115　明清时代的文昌阁

四、凭祥友谊关口岸

凭祥市(县级市)地处中国南部，与越南谅山接壤，是中国通往越南及东南亚最大和最便捷的陆路通道。不仅是南宁——新加坡经济走廊"一轴两翼"中的重要节点城市，也是中国最靠近东盟国家的国际化城市，有"祖国南大门"之称。1992年 6 月被国务院批准为沿边对外开放城市。凭祥市境线长 97 公里，境区内有友谊关口岸(公路)和凭祥口岸(铁路)，是广西口岸数量最多，种类最全，规模最大的边境口岸城市。有一类口岸 2 个即凭祥(铁路)口岸、友谊关(公路)口岸，地方二类口岸 1 个，即平而关(公路兼水路)口岸，边民互市点 4 个，即凭祥(叫隘)、弄尧(含浦寨)、平而、油隘。

友谊关(图 4-116、图 4-117)是我国十大名关之一，是我国保存比较完整的明清时期的南疆边关要塞。始建于汉朝，原名雍鸡关，又名大南关、界首关。明洪武元年（1368）名鸡陵关。永乐五年（1407）更名镇夷关；宣德年（1428）改名镇南关；1953年更名为睦南关，1965年经国务院批准，正式命名为"友谊关"。友谊关景区包括关楼、城墙、左辅山炮台（镇关炮台）、右辅山炮台（金鸡山炮台）、清末广西全边对讯署（法式楼）以及大清万人坟等。1995年被确定为广西壮族自治区爱国主义教育基地，1996年被列入第四批全国重点文物保护单位名单。2017年12月，入选教育部第一批全国中小学生研学实践教育基地、营地名单。

图 4-116 友谊关口岸

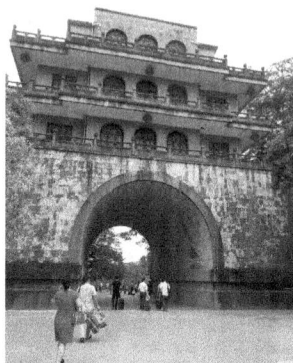

图 4-117 友谊关

五、浦寨边境贸易区

边境贸易是凭祥市的支柱产业，占凭祥整个经济的60%以上。而浦寨则是中越边境线上最大的边民互市贸易点、东南亚最大的红木家具半成品市场、中国对东盟最大的水果交易市场，可以说凭祥浦寨边贸是中越最大边贸口岸。凭祥浦寨与越南谅山省新清口岸经济管理区连接，距凭祥市区16公里。中越两国的边民可以在边贸区内自由出入，极大地方便了双方边民及中越各地客商相互往来，促进两国贸易发展。

浦寨自古与越南边民易贸通商、联姻交往，相互往来十分密切。但由于浦寨地势险要，西南低（越方），东北高（中方），南北两边是高山和悬崖，林木繁茂，城内地势平缓。在20世纪70年代末中越关系紧张时期，曾是战争前沿，雷区错落，岗哨森严。直到1990年8月，被开辟为对越贸易互市点，贸易经济逐渐发展起来。1992年国务院将凭祥市列为沿边对外开放城市后，浦寨也逐步开发建设成为边境贸易区。

浦寨边境贸易区与越南谅山省文朗县接壤处便是中越边境的 1090-1091 号界碑——中越边界 15 号界碑(图 4-118)。图 4-119 为国门大厦。

图 4-118　浦寨的中越界碑浦寨的 1090 界碑——界碑后便是越南

图 4-119　浦寨国门大厦

六、德天瀑布的"错版国界碑"

德天大瀑布位于广西崇左市大新县硕龙镇德天村,是横跨中越两国的三叠瀑布。与越南的板约瀑布连为一体,称为"姐妹瀑布"。亚洲第一、世界第四大的德天瀑布为五 A 级旅游景区。中越边民曾经在瀑布的下游靠肩挑人扛进行着边贸往来。

在德天大瀑布上游立有一块界碑——53 号界碑(图 4-120)。碑为青石,高不足 2 米,碑面凹凸不平,破损较为严重。碑身正书"中国广西界",下附法文。相传该界碑是清政府 1896 年所立。有关立碑的位置有两种说法。一种说法是当年清政府派两名士卒去立碑,由于当时边境地区交通极为不便,崎岖难行,人迹罕至,两人背到这儿,实在背不动了,看天色已晚,还有那么远的路程要走,于是偷懒就地挖坑将界碑立于此地,就是现在 53 号界碑的位置。这一立就将碑后中国的许多领土划给越南。此举成为中国历史上南部边界划分的一大败笔。此外,值得一提的是"中国广西界"中"国"字是一个错别字,笔画"点"的位置点错了。据说这是世界上唯一有错别字的国界碑,俗称"错版国界碑"。

另一种说法认为,这块界碑是时任云贵总督的岑毓英奉清政府之命,根据"中法天津条约",经过近 3 年的勘界后所立。在 1884 年越南和法国签订《第二次顺化条约》中,否定了中国对越南的宗主权,改由法国全权管理越南。但条约中国并没有参加,属于单方面签署的"准主权"条约。而越南一直是中国的属国,自秦到唐末，越南相当于中国的一个省，在清朝仍是中国的属国。53 号界碑的竖立，是清政府对越、法两国这种"准主权"行为升级的认定，因而历史上该界碑的正式称谓为"中法广西安南第 53 号界碑"。从此，中国让出了对越南的宗主权。由于清朝老界碑字迹模糊，2001 年，中越勘界定立 835 号界碑（图 4-121）后，即取代了 130 年前的大清 53 号界碑。53 号界碑正面的土地是越南的领土，背面是我国领土，界碑前后 100 米内为两国的边境缓冲区。这里设有一个边境自由贸易市场。

图 4-120　中法广西安南第 53 号界碑

图 4-121　中越边境 835 号界碑

七、花山壁画

花山壁画分布于广西南部边睡的明江和左江两岸，包括宁明、龙州、扶馁、大新等县和崇左、凭详市。从明江至左江两百多里的江边和陆地的石山峭壁上，留下古代骆越人描绘的 183 处崖壁画。人们将分布在明江、左江绵延 200 多里长的沿江崖壁画统称为"花山崖壁画"，即江河崖壁画；把在扶绥发现的远离江河数十里的石山岩口峭壁画称之为陆地崖壁画。其中宁明县驼龙公社耀达大队（明江东岸）的花山崖壁画是明江、左江崖壁画的主体，堪称左江壁画的代表作，体现了壮族先民集体智慧的结晶。

宁明花山则位于宁明的明江东岸，崖壁画画面宽约 40 米，全长 170 米。左江流域一带的壮民中流传着关于花山壁画神话的故事。在远古时期，有个叫孟卡的英雄。他乐于助人，很讲义气，力气大得惊人。使用的扁担大如房屋横梁，能把几十人一天割的禾一肩挑走。一手能举起千斤石头，一掷就是三四十里。他十分痛恨欺压百姓的皇帝，想起来造反，但苦于没有兵马。于是他就在纸上画出许多兵马来，一百天以后全变成神兵神马。这些兵马都飞到了（花山）洞里，由孟卡统领，护卫着明江一带的壮民。有一次皇帝派兵来侵扰百姓，被孟卡带领的兵马打得落花流水，以后再不敢来了。壮民遇难就来洞里请求孟卡的帮助；青年男女去赶歌圩还可以去借首饰。后来，壮民为了纪念英雄孟卡，就将他和神兵神马画在花山的峭壁上，就成了"花山壁画"（图 4-122、4-123、4-124）。这一古老神奇的传说歌颂了壮族先民的勤劳和勇敢、智慧与才华，而花山壁画则反映了壮族先民向大自然开战和反抗强暴的民族精神。

图 4-122　花山壁画远观图

图 4-123　花山壁画（一）

图 4-124　花山壁画（二）

第五章 专题实习设计

一、目的及意义

首先，学生通过调查主题的选择与问卷的设计，掌握问卷设计的思路，同时也了解在野外实习中获取数据的方法，为实习报告与论文的写作提供数据支持。其次，学生通过实地调查与访谈，提高与他人沟通交流的能力与口头表达能力的同时，也提高了地理实践力与团队合作能力。另外九个专题的设计是将涉及的部分实习点进行梳理归纳，并对分散的知识进行整理，让学生学会既能从整体上把握实习的内容，也学会区域间对比分析，举一反三。最后，实习中的调查访问，不仅帮助学生更好地了解北部湾地区的人文经济特点与发展情况，培养与提高学生观察与分析人文经济现象时空变化的能力更提高探讨分析问题与提出相应措施的能力，并能初步预测该现象未来的发展趋势。

组织形式：

班级分组，组中 2~3 个成员完成一个主题的调查和访问，调查和访问的内容与主题可以自由选择与自行设计，所设计的九个专题可供参考。

思考问题：

1. 人口移动：景区建成前后，当地不同年龄结构人群的工作情况，引起的人口迁移和流动现象的原因，每家每户情况相似吗？

2. 经济产业转移与发展：对比景区建成前后当地社会经济发展的变化。

旅游景点的建成给当地居民生活/当地经济带来哪些改变；当地第三产业的发展状况及改变（服务业的发展，包括餐饮、宾馆、交通等）；当地居民心理或态度的变化及其原因；居民收入状况改变（改变及主要收入来源包括：外出工作、务农、经济农作物林木的种植、出海捕捞、旅游带来的商业收入或景区盈利的分红收入等）。

3. 景区旅游业发展情况及其对当地社会经济的影响。

4. 山区居民与沿海、不同生活区域的居民生活状况的差异，包括生活水平、收入来源、生活习惯（饮食、民居、礼节）、风土人情等。

二、专题 1：山区旅游开发及发展状况调查

调查内容：五皇山——十万大山——通灵大峡谷

首先，该专题是以调查山区旅游开发及发展为主题，三个景区的共同特点是，依托当地自然地理环境，根据自身的特点，开发出不同的旅游产品，让学生从中体会旅游景点规划的重要性及自然因素、社会人文因素对旅游开发的影响；其次，学生通过调查、访谈等方式对景区发展等的相关情况进行了解，通过比较，帮助学生建立对山地旅游的人文经济特点，及山地旅游业可持续发展构想。再次，通过走访及观察山脚聚落的分布形态及特征，与城市聚落进行空间对比；另外，了解当地居民民族风俗，进一步思考分析等。

1. 三个景区游客来源、年龄结构、旅游方式(以家庭或旅游团为主)、逗留时间长短、旅游目的地的喜好、对景区景点设施及内外服务设施完善程度的满意情况；

2. 了解当地居民民族民居风俗，包括语言、民族、姓氏、饮食、民居、历史、节日、人口移动情况、收入等；

3. 在五皇山山顶观察山谷聚落的分布形态及特征，包括居民生活状态、社会经济发展状况、人口情况等，与城市景观形成对比。

涉及知识点：

人口移动、人口迁移、人口流动；民族与民居、语言与文化、地名景观、聚落、城乡景观、旅游、旅游业、旅游客源地、旅游目的地、旅游的主体、客体、媒介、游客、旅行者、旅游业对社会发展的影响等。

A. 调查对象：当地居民

调查问卷：

表 5-1　　　　　　　　　　景区建成前后人口迁移情况(样表)

调查项目＼景点	外出打工情况				选填(景区建成后回家)			
	景区建成前(人数)	景区建成后(回家乡工作人数)	打工地点	收入(人/月)	从事工作	收入	是否自愿	若填否：备注
钦州市浦北县五皇山国家地质公园								
防城港上思县十万大山国家森林公园								
百色市靖西县通灵大峡谷								

注：外出打工人数可以以一个家庭为单位，也可以一个自然村为单位。

备注内容：景区的建设和发展能否给家庭带来收入，改善家庭收入情况。

访谈：

1. 景区建成前后当地居民从事种植业的时间和精力的改变，面积的改变情况。

2. 外出打工、工作的改变等原因，造成的剩余农田如何处理？承包、土地流转、出租等，土地用途是否发生改变？

3. 景区建成后，当地环境的改变。

农业经济的调查：

1. 种植经济作物、经济林木的情况(产量、种类)，政府的政策。

2. 举例观察：浦北县、灵山县经济发展比较——两县交界处(出发前收集相关的经济材料，对比路边种植经济作物、农作物的情况进行观察)。

3. 思考问题：假设当地需要选择一种特色食物作为发展产业，你认为哪种更好，为什么？该怎么发展当地的特色农业(产业)。

民族民俗的调查：

1. 附近自然村/屯/队的名称及个数，名称的来源。

2. 自然村/屯/队的人口规模、民族、姓氏、语言、风俗习惯(饮食、习俗等)。

3. 是否原著居民？或祖辈从外地搬过来定居此地定居。语言、习俗的改变。

B. 调查对象：景区服务工作人员

表 5-2　　　　　　　　　　　景区旅游业发展情况调查(样表)

调查项目＼景点	景区收入(年/月/日)	客流量	基础服务设施能否满足	游客主要年龄结构(以哪个年龄段为主)	旅游形式(家庭/团体/个人)	逗留时间	客源地	备注：外国游客情况
钦州市浦北县五皇山国家地质公园								
防城港上思县十万大山国家森林公园								
百色市靖西县通灵大峡谷								

C. 调查对象：游客

表 5-3 **景区游客满意度调查情况 (样表)**

景点\调查项目	对景区的满意情况(满意、基本满意、不满意)				最吸引人的地方	是否还会再来	开销预算(如果不愿意就不勉强)	备注(满意在哪方面、不满意在哪方面;价格、服务态度)
	餐饮	住宿	游玩内容	其他基础设施(内外交通、卫生条件等)				
钦州市浦北县五皇山国家地质公园								
防城港上思县十万大山国家森林公园								
百色市靖西县通灵大峡谷								

三、专题2：滨海旅游建设与发展调查

调查内容：三娘湾——怪石滩——金滩

调查目的及意义：

首先该专题是以滨海旅游景区人文、经济发展的调查为主，通过实地调查体会京族的风俗民情，体会壮族大家庭中，其他少数民族的生活状态，提高保护民族文化的意识。对比观察三个区域旅游开发程度、差异，并进一步分析其原因，培养学生从发展的角度看待与思考问题。并调查禁海期与开海期渔民生活生产的变化，体会国家的相关政策对农业社会经济持续发展的重要性；通过对海岸 (潮间带) 等地貌环境变化的观察，探讨滨海旅游开发等人类活动对海岸环境的影响，思考海岸环境及其旅游业的可持续发展。

涉及知识点：民族、民居、民俗风情；语言的基本属性、语言与文化的传播，语言文化传播的影响因素、语言的扩散及其结果、地名景观；人种、人口结构、人口迁移、人口移动、人口流动；传统农业与现代农业 (渔业)；产业结构转移与发展；旅游、旅游业、旅游客源地、旅游目的地、旅游的主体、客体、媒介、游客、旅行者、旅游业对社会发展的影响。

A. 调查对象：当地居民

调查问卷：

表 5-4　　　　　　　　　　　　景区建成前后人口迁移情况（样表）

调查项目＼景点	外出打工情况						选填（景区建成后回家）			
	景区开发前（人数）	景区开发后（回家乡工作人数）	打工地点	年龄段	性别	收入（人/月）	从事工作	收入	是否自愿	若否填：备注
钦州三娘湾景区										
防城港江山半岛怪石滩										
防城港东兴滇尾金滩										

访谈：

1. 旺季、淡季的收入情况。

2. 禁海休渔期每年一样吗？一般是什么时候？

3. 休渔期对收入的影响。

4. 景区建成前后，捕捞的海鲜销售对象、价格、数量，是否从不担心销售问题？

5. 休渔期的制定对当地居民的约束力情况。

6. 休渔期期间，餐饮业的海鲜来源。

7. 当地居民是否养殖海鲜，养殖区域主要分布地点，还是全部依靠海洋捕捞。

8. 景区建成前，收入主要来源。是否从事种植业（体现靠山吃山，靠海吃海的人类生活）？

9. 景区建成后，当地环境的改变情况。（污染）

民族民俗的调查：

1. 附近自然村/屯/队的名称及个数，名称的来源。

2. 自然村/屯/队的人口规模、民族、姓氏、语言、风俗习惯（饮食、习俗等）。

3. 是否原著居民？或祖辈从外地搬过来此地定居。语言、习俗的改变，典型的调查对象——京族。

B. 调查对象：景区服务工作人员

表 5-5 　　　　　　　　　　　**景区旅游业发展情况调查（样表）**

调查项目 ＼ 景点	景区收入（年/月/日）	客流量	基础服务设施能否满足	游客主要年龄结构（以哪个年龄段为主）	旅游形式（家庭/团体/个人）	逗留时间	客源地	备注：外国游客情况
钦州三娘湾景区								
防城港江山半岛怪石滩								
防城港东兴满尾金滩								

C. 调查对象：游客

表 5-6 　　　　　　　　　　　**景区游客满意度调查情况（样表）**

调查项目 ＼ 景点	对景区的满意情况（满意、基本满意、不满意）				最吸引人的地方	是否还会再来	开销预算（如果不愿意就不勉强）	备注（满意在哪方面、不满意在哪方面：价格、服务态度）
	餐饮	住宿	游玩内容	其他基础设施（内外交通、卫生条件等）				
钦州三娘湾景区								
防城港江山半岛怪石滩								
防城港东兴满尾金滩								

四、专题 3：聚落的形成与发展

调查内容：对比钦州市区与市郊、浦北县城与山区农村、灵山县城与山区农村的聚落形态及经济发展状况。

调查目的及意义：

该专题是以城乡聚落形态及社会经济发展调查为主，通过对比钦州市区与市郊、浦北县城与山区农村、灵山县城与山区农村的聚落形态及经济发展状况，观察城乡景观的差异，通过查阅人口发展、社会经济数据，体会城乡社会经济发展水平与居民生活生产状况的差异，思考城乡发展对土地利用方式的影响，城乡规划发展中存在的问题。

表5-7 不同聚落形态对比

	对象1	对象2
①	钦州市(白海豚国际大酒店楼顶)	钦州市城郊(钦州市气象局—冷冻厂附近)
②	浦北县县城	浦北县乡村(五皇山山顶)
③	灵山县县城	灵山县乡村(六峰山山顶)

涉及知识点：聚落、城乡景观、城市化、城市地域结构；人口分布、人口密度、人口分布的不平衡性的特点、人口分布的影响因素；人口容量、适度的人口。

城乡聚落景观的差异：楼房的高度、密度，人车流量(同一时间段)，基础服务设施，建成区面积，发展方向。

对比浦北县、灵山县农村社会经济发展情况(包括种植业经济发展、村容村貌、地方政府扶持政策、乡镇发展规划、基础服务设施等)。

五、专题4：钦州本土文化的调查

该专题以钦州市本土文化调查为主。(1)感受或观察钦州一马路至五马路的骑楼文化、宗教文化的发展变化；(2)通过参观坭兴陶冶炼遗址(古龙窑)，想象古代人们制作坭兴陶生产活动的繁荣景象，并考查坭兴陶与其他名陶相比，其特殊的文化与历史；(3)刘冯故居的参观，了解当年历史环境下的社会背景与人们的生活状况，让学生通过了解历史政治，培养爱国情操。(4)老城区与新城区相比，基础服务设施、社会经济(商品的主要类型、消费者的年龄结构)、城市景观(建筑、车流量、人流量、交通便捷程度、街道的宽窄、清洁、绿化)等的差异。

涉及知识：民族民俗、语言与宗教、城市化、城乡发展、城市景观、交通便捷度、城乡规划等。

六、专题5：钦州港工业园调查

该专题以钦州港临港工业(钦州港经济开发区、保税港区、中马产业园、广西金桂浆纸业有限公司发展调查)为主线,了解钦州港产业经济的发展现状,思考钦州港工业发展的优势、特色及发展瓶颈,并能从实际问题出发,提出相应的建议与对策(对比钦州港、防城港)。

涉及知识:三大产业、产业结构、可持续发展、工业化、工业活动与地理环境等。

七、专题6:书院文化的学习考察

该专题是以钦州书院(从遗址中选择三个以上)作为调查对象,通过访谈等多种方式,了解当时的历史背景下书院的名人志士及历史事件。(1)了解书院的发展历史;(2)对比在过去不同的历史年代,不同书院的发展的命运;(3)思考在当今的社会环境,该如何保护与传承书院文化。

涉及知识:历史地理、政治地理、旅游地理等。

八、专题7:故居——古建筑群调查

该专题以刘冯故居、大芦村古建筑群为主线,通过走访、调查等方式,思考并完成以下问题:(1)作为4A级景区的刘永福故居、冯子材故居与大芦村文化生态旅游区在发展旅游、继承文化遗产、保护古建筑间如何做到可持续发展;(2)对比各建筑的特点与内涵的不同;(3)发展旅游对古建筑的影响(优劣);(4)对当地经济发展、居民生活带来哪些影响?

涉及知识:人文景观、聚落文化、民族民俗与民居、旅游资源等。

九、专题8:钦州市郊区休闲农业旅游发展情况调查

该专题以火龙果农业乡村旅游区、荔景生态休闲山庄、翠湖田园山庄、"虾虾乐"现代农业核心示范区等郊区休闲农业旅游为调查对象,思考城郊休闲旅游的发展为当地经济带来的发展机遇及问题,并对比三个城郊休闲农业景点在选址、经营模式和理念、整体设计及发展现状的异同。

涉及知识:现代农业景观、旅游资源及其开发与发展、经济活动与地理环境、经济活动的区位选择等。

十、专题9:界碑文化调查与学习

该专题以大清国某区域(钦州界)界碑等为调查对象。对界碑的位置、碑文内容、立碑的时间、意义与作用、历史环境背景等进行调查与学习。绘制大清国某区域(钦州界)界碑文化地图。

涉及知识:国家领土、界碑的意义、国家综合国力、国家主权等。

参 考 文 献

[1]陈慧琳主编．人文地理学[M]．科学出版社，2001.

[2]王恩涌等编著．人文地理学[M]．高等教育出版社，2000.

[3]张小林等编著．人文地理学导论[M]．测绘出版社，1995.

[4]张文奎主编．人文地理学概论[M]．东北师范大学出版社，1993.

[5]翟忠义，李树德主编．中国人文地理学[M]．山东教育出版社，1991.

[6]金其铭．中国人文地理概论[M]．陕西人民出版社，1990.

[7]曾克峰，刘超，张志．江西星子-庐山综合地理实习指导书[M]．中国地质大学出版社，2006.

[8]胡宝清，毕燕，王静爱．广西地理[M]．北京师范大学出版社，2011.

[9]孙雅静．城镇化与中国特色的城市化道路[J]．中共中央党校学报，2004，3(2)：115-118.

[10]李少丽．"一带一路"广西语言规划的资源探究[J]．现代经济信息，2017(12)：377-378.

[11]李建平．20世纪以来广西史论研究与文学批省略发展概述近百年广西文化研究之二[J]．广西教育学院学报，2016，5：8-16.

[12]王勇．1949年以来广西人口分布与迁移演化特点研究[J]．广西师范学院学报(自然科学版)，2014，12(31)：63-70.

[13]黄玲玲．1978—2010年广西经济重心与人口就业重心的空间变化[D]．广西师范学院，2014，6.

[14]田雪原．城镇化还是城市化[J]．人口学刊，2013，6(35)：5-10.

[15]周鸿．从广西第五次人口普查看人口迁移状况[J]．广西师范学院学报(哲学社会科学版)，2004，3(25)：147-152.

[16]牟钟鉴．从宗教学看壮族布洛陀信仰[J]．广西民族研究，2005，(2)：82-90.

[17]廖国．东兴京族海洋文化资源开发环北部湾地区边境旅游研究系列论文之一[J]．西南民族大学学报(人文社科版)，2005，5：327-331.

[18]赵菊花．广西人口与经济协调发展的综合评价[J]．广西师范学院学报(自然科学版)，2011，28(4)：91-97.

[19]樊新民．广西人口增长与生态资源承载力研究[J]．中国青年政治学院学报，

2012，2：90-95.

[20]李建平．广西文化研究百年演进路径与特色文化研究的形成——近百年广西文化研究之一[J]．学术论坛，2016，8：63-68.

[21]赵冶．广西壮族传统聚落及民居研究[D]．华南理工大学，2012，6.

[22]张照．广西壮族传统文化与当代壮族发展研究[D]．广西师范大学，2002，4.

[23]蓝武芳．海洋文化的重要非物质文化遗产——京族哈节的调查报告[J]．民间文化论坛，2016，5：94-99.

[24]杨熊炎．基于旅游商品开发的北部湾海洋文化传播研究[J]．美与时代，2017，04：40-43.

[25]许晓明．近十年壮族民间信仰研究综述[J]．广西民族学院学报(哲学社会科学版)，2006，6：100-102.

[26]陈丽琴．京族独弦琴艺术生态研究[J]．广西民族大学学报(哲学社会科学版)，2013，35(2)：84-89.

[27]王小龙．京族非物质文化遗产及其传承人调查省略兼谈我国非遗传承制度的改革和完善[J]．四川文化产业职业学院(四川省干部函授学院)，2012，3：17-22.

[28]吕红艳．客家节俗与少数民族节日文化之比较——以桂东客家"二月二"与壮族"三月三"节日为例[J]．边疆经济与文化，2008，4：69-71.

[29]李甫春．在改革开放中走向富裕的中国京族——对广西东兴市江平镇万尾巫头山的考察[J]．广西大学学报(哲学社会科学版)，1999，2(21)：106-108.

[30]吴小玲．钦州港海洋文化资源的保护开发及利用对策[J]．钦州学院学报，2016，31(3)：8-13.

[31]张启航，赵冰．广西骑楼的地域特色与实用功能探微[J]．四川水泥，2017，(09)：299-300.

[32]冯传发．钦州坭兴陶的千年沉浮[J]．山东陶瓷，2017，40(7)：21-24.

[33]孙永萍．基于城市更新改造的名人故居的保护与开发——以钦州市刘永福文化区概念性规划为例[J]．广西城镇建设，2012，12：80-84.

[34]何芳东．"一带一路"背景下钦州历史文化名人精神的传承——以刘永福、冯子材为例[J]．广西教育学院学报，2018，3：29-33.

[35]邓敏杰，邓韬．广西书院钩沉(五)[J]．广西地方志，2017，3：47-52.

[36]邓敏杰，邓韬．广西书院钩沉(六)[J]．广西地方志，2017，5：51-57.

[37]蓝颖，周善童．文化生态视角下广西靖西绣球文化研究[J]．学理论，2018，06：159-161.

[38]苏翠霞．广西靖西县旧州壮族绣球[J]．剑南文学(下半月)，2012，05：203.

[39]李世泽．"一带一路"背景下广西边境口岸发展研究[J]．桂海论丛，2018，34

（1）：73-77.

［40］王炜．广西北部湾经济区区域物流空间结构研究［D］．广西师范学院，
2012，6.

［41］莫连凤，李贵楼，周丽红．北海疍家传统民俗文化与旅游业的互动关系研究
［J］．传播与版权，2017，10：155-158.

［42］张火军．北海疍家民俗文化旅游开发研究［J］．梧州学院学报，2011，21（4）：
7-12.

［43］龙秋萍．广西北部湾涠洲岛风景资源调查与评价［D］．广西大学，2017，6.